〈シリーズ監修〉二村 健

ベーシック司書講座・図書館の基礎と展望 **4**

情報サービス論

第2版

竹之内 禎 〈編著〉

学文社

〈ベーシック司書講座・図書館の基礎と展望〉 緒　言

　本シリーズは，新しい司書課程に照準を合わせて編纂した。周知のように，平成20年6月11日，図書館法が改正，ただちに施行された。そのなかで，第5条だけが平成22年4月1日の施行となった。当然，22年から新しい司書課程を出発させなければならないと考え，諸準備に没頭した。しかし，実際に蓋を開けてみると，さらに2年先送りされ，全国的な実施は平成24年からとされたのである。私の所属する大学では，すでにさまざまな準備に着手していたので，旧法の下で，新しいカリキュラムを実施することを選んだ。つまり，全国より2年先駆けて司書課程を改訂したのである。

　もちろん，そのためのテキストはどこにもなく，最初の授業は板書とプリントでおこなった。このシリーズの各巻には，実際に授業をおこなった試行錯誤が反映されている。授業の羅針盤は，図書館界に入った多くの卒業生の存在である。この実績が私たちの支えである。

　この間，これからの図書館の在り方検討協力者会議では，議論の末，司書課程の位置づけが変わった。これまでの司書課程は，現職の図書館員に資格を与えることを目的に，司書講習で講述される内容と相当な科目を開設している大学で，司書資格を与えることができるとされていた。新しい司書課程の位置づけは，図書館員としての長い職業人生（キャリア・パス）の入り口を形成するというものである。大学生は社会人未満である。社会人である現職図書館員との違いをどこにおくか，これが新しい司書課程の核心である。

　その違いをシリーズ名に表したつもりである。これからの司書課程では，キャリア・パスの入り口を形成するための基礎・基本の講述が重要である。何よりも図書館の意義を理解し，図書館を好きになってもらわなければならない。その後に，図書館員としての長い職業人生が待っている。そして，それに向けての展望がなければならない。以下に本シリーズの特徴を記す。

●**内容の厳選**：これまでの司書課程の教科書は，現職者向けという性格上仕方がなかったが，とにかく内容が高度であり，詰め込みすぎた観がある。それを，3月まで高校生であった新入生にもわかりやすい内容にまとめることをめざした。そのため，できるかぎり，内容を厳選する必要があった。どれも大事に思えたなかで，何を削ぎ落とすかで非常に悩んだ。新しい研究成果を取り込むのは当然としても，これに振り回されて総花的になることは避けたかった。普遍性のあるものは，古いものでも残すことにし，温故知新を大事に考えた。

●**1回の授業＝1章**：最近の大学では授業を15回きちんとおこなうことが徹底されている。そこで，本シリーズも15章立てにし，1回の授業で取り上げる内容を1章に記すことにした。実際の授業は，受講者の反応をみては重要なポイントを繰り返して説明したり，ときには冗談を言ったりしながら進む。90分間で講述できることは思った以上に少ない。参考になったのが，放送大学のビデオ教材を制作したことである。本シリーズでは，放送大学の教科書よりは，

さらに文字数を少なめに設定した。その分，担当教員の工夫次第で，確認小テストをしたり，ビデオや写真などを利用して授業が進められるよう，余裕をもたせた。

●**将来を見据えた展望**：多くの大学では，15回目の授業を試験に当てることがおこなわれている。そこで，各巻の最後の章は，その分野の展望を記すことにした。展望とは，今後どうなっていくかの見通しである。あるいは，未来予測に属することが含まれ，予測ははずれることもあるかもしれないが，できるだけ新しい話題を盛り込んだつもりである。シリーズ名の意図をはっきりさせるためでもある。

●**わかりやすい図表**：直感的にわかるように，図表を豊富にいれることを各執筆者にお願いした。図表も大きく見やすく掲載できるように，判型も通常の教科書に多い A5 判ではなく B5 判を採用した。

●**豊富な資料**：実際の授業では，教科書のほかに，教員がプリントを配布したり，パワーポイントのスライドで補足したりと，さまざまである。教科書といいながら，『図書館法』の全文すら資料として掲載していないものがあるのは，どこか違うと思っていた。そこで，できるだけ，教員がプリントを作らなくてもすむように，資料集を充実させることに努めた。

●**参考文献**：これからの司書課程は，図書館員としてのキャリア・パスの入り口を形成するものである。平成20年の図書館法改正で明記されたが，図書館員になっても，研修会に参加するなど，各自の務めとして研鑽を積む必要がある。内容を精選した分を，参考文献を読んでいただくことによって，補えるように配慮した。参考文献は入手可能という点を第一に考えた。

●**自宅学習のための設問**：90分の授業に30分の自宅学習，併せて2時間が1コマの学習である。そのため，各章ごとに設問を2問程度用意した。このことにより，通信教育の学生にも利用していただけると思う。

本シリーズは，文部科学省令に規定された全ての科目を網羅するものではない。不足の部分は，他の専門家の学識に委ねたい。不完全ながらも，本シリーズが日の目を見ることができ，シリーズ各巻の執筆者に深甚なる謝意を表する。このシリーズがわが国の司書養成に役立つことを願うのみである。

平成23年6月6日

二村　健

第4巻 『情報サービス論 第2版』 巻頭言

　本書では，「情報サービスとは何か」を考える前提として，まず「情報とは何か」「サービスとは何か」という本質論から語り起こした。情報とは，単なる「物体」ではなく，目に見えない，心のなかの「意味作用」であること。サービスとは，心を尽くして相手に便宜をはかる行為であること。したがって情報サービスの本質は，単に「物体」としての資料を利用者に渡せばよいのではなく，図書館員の側が相手を理解することに努め，相手にとって本当に有用と思われる，信頼できる情報・情報資源を，知識を総動員して提供することである。このことは，いくら強調してもしすぎることはない。

　情報それ自体は断片的な刺激にすぎない。それが，さらに利用者の内面において，有機的につながって一定の認識を形成したときに，初めて「知識」となる。

　その点でこれからの図書館は，従来の図書館が知識の集積である「図書」を中心に扱ってきたのに対し，従来の紙媒体の図書や雑誌，視聴覚資料等の有形の資料に加え，ネットワーク情報資源という，断片的な「情報・情報資源」を大々的に扱うことになる。しかしその際，「情報」と「知識」のちがいについては，ぜひ念頭においていただきたい。

　「情報サービス」は，「知識」を形成する「もととなる情報」を提供するのが務めである。情報を，さらに「知識」にまで練り上げていくのは，利用者一人ひとりの内面的活動である。図書館員の情報サービスは，「知識形成のための支援」であることを忘れてはならない。単に情報・情報資源を提供し，それで満足してはならない。「知識形成」に役立ったかどうか，さらには生きるうえで役立つ内容になったかどうか，この点が，まさに図書館における情報サービスの成否の要である。

　筆者は，本シリーズ監修者で第1巻『図書館の基礎と展望』の著者でもある二村健先生の司書教育にかける意気込み，図書館の社会的使命を信ずる魂の声に感動して，微力ながらもこのシリーズ企画に参画させていただきたいと思い，本書編者の重責を担うことを決意した。このような機会をいただいた二村健先生に，心からの敬意と御礼を申し上げたい。

　また本書は，共著者各位の協力がなければ，決して上梓されることはなかった。ここに記して，各位の専門知識を十二分に生かしての理解あるご協力に心から御礼を申し上げたい。

令和6年3月

竹之内　禎

目　　次

情報社会と図書館の情報サービス

本章では，図書館の情報サービスについて学ぶ第一歩として，「情報」や「サービス」という言葉の意味，そして情報社会におけるウェルビーイング（健康で心豊かに生きること）のために，図書館の情報サービスがどのように活用されるかを考えよう。

第1節　情報，サービス，ウェルビーイング

a．情報とは意味である

司書は情報サービスをおこなう専門職ともいわれる。司書が扱う「情報」とは，形のある資料などの物体や，電子的に表示される画像・文字列といったものだけではない。情報（information）の本質は「内部に形成される意味作用（in-formation）」である。

たとえば，ある著作を読むことによって，他者と感情を共有できるように感じたり，新しい物の見方が創造されたり，避けられない苦難に立ち向かう勇気や励ましを得られたりすることがある。そのように，人が自分自身の生き方や人格の最奥の部分に影響を受けるとき，人のなかに深い意味や価値が生じる。これが最も深い意味での「情報」（内部に形成される意味作用）であり，そのような意味作用を呼び起こすきっかけになった著作や文章などを「情報資源」（information resources）と呼ぶことができる。

他方，現代社会ではいたるところにコンピュータが存在し，それらは「情報処理機械」と呼ばれている。そのため，コンピュータが処理する記号や映像が情報だと考える人もいるかもしれない。しかし，コンピュータの情報も，最終的には，何らかの形で人が生きていくなかで意味を感じ役立つように加工されているのであり，コンピュータのなかの情報は意味が潜在化されていると見なすことができる[1]。

情報の本質としてもう1つ重要な点は，人は互いに独立した生命体であり，相手の内部に形成されている意味を直接共有することができない，ということである。そのため，「どのように表現して伝えれば相手にとって意味のある有益な情報となりうるか」という視点をもってサービスをおこなう必要がある。

b．サービスとはウェルビーイングのための支援である

「サービス」（service）とは，人に奉仕（serve）することである。現代的な言葉で言えば「支援」と言い換えてもよい。

近代日本の図書館界で思想的な影響を与えた中田邦造（1897-1956）は，図書館の本質を次のように考えた。

まず，図書館の情報資源の大部分を占める図書は，単に知識の記録物というだけではなく，著

者の人格を表現するものである。そして，読書とは，字面を機械的にたどることではなく，著者が人格をかけて表現したことを，自己のうちに再現することである。そして，図書館の本質は，図書館員が担う「図書と人とを結びつける働き」であるという（原文を巻末の資料1に収録しているので参照されたい）。

　このような「図書と人とを結びつけようとする，やむにやまれぬ文化的精神」を，中田は「図書館精神」と呼んだ。「図書館精神」は，現代の言葉でいえば「ライブラリアンシップ」に近い[2]。

　現代の図書館は，図書以外の情報資源も多くもっているので，現代的にいえば，図書館の本質とは，「人と情報資源とを効果的に結びつける働き」であるといえるだろう。そして，その働きを具体的に担う存在が司書であり，司書による情報サービスである。

　「司書は情報サービス専門職である」ともいわれるが，これはどのような意味だろうか。

　朝比奈大作は，司書が専門職（profession）としての性質を有するとしたうえで，「profess」がもともと「告白する」という意味の言葉であり，profess を受ける者が professional，その職業が profession と呼ばれると説明する。そして，「専門職者とはまず何をおいても，不特定多数の人のさまざまな〈悩み〉を打ち明けられ，それを聞き取って相談にのり，その上で自らの専門的立場からの適切な助言を与え，〈その人〉の悩みの解決のために全力を尽くすことを自らの使命とする職業人なのである」と述べている[3]。

　この考えを参考にすれば，図書館に相談を投げかけてくる利用者に寄り添い，その課題を聞き取って相談にのり，適切な情報資源の提供を通じて，利用者が自ら問題解決していく過程を支えるような奉仕を，司書による「サービス」の本質と考えることができる。

　司書は，「悩みの告白」ができると利用者に思ってもらえるような信頼に値する，情報資源に関する専門知識をしっかり身につけること，および，信頼に足る蔵書構成などに努めることが前提になるといえる。

　これらは全体として，ウェルビーイング（健康で心豊かに生きること）をめざしている。図書館の情報サービスの目的は，利用者のウェルビーイングを支援することである。

第2節　情報社会を生きる力としての情報リテラシー

　日進月歩で変化していく情報社会をよりよく生きるためには，「情報リテラシー（information literacy）」を高める必要がある。リテラシーとは「読み書き能力」という意味で，社会のなかで生活するための「基礎的能力」という意味をもっている。情報社会では，情報活用能力とも訳される「情報リテラシー」を高めていくことが求められる。

　大学の一般教養科目などで情報リテラシーという場合は，情報処理機械であるコンピュータを使うための基礎的能力という意味であることが多い。しかし，図書館の立場から見た情報リテラシーとは，それよりもずっと広範な意味であり，コンピュータの操作技術に限定されない。人々に価値をもたらすものはコンピュータに限ったことではないからである。図書館において，情報

リテラシーはさまざまな情報資源を使いこなすための基礎的な能力を指している。

さらに「基礎的」という限定も外して「あらゆる情報資源を使いこなす能力」という意味で使われる場合もある。情報資源の探索，入手，利用のみならず，情報の加工，評価，発信まで含める広い考え方もある。情報検索のスキルと「自己効力感（self-efficacy）」とを関連づけた情報リテラシー論もある[4]。ここでいう「自己効力感」とは「ある事柄について自分がどの程度成果を上げる能力があるかという感覚」であり，自己効力感を育むように教育することで，個人が生きるうえでの問題解決を図るための情報スキルを身につけさせることができると論じられている。

加えて，他者や環境との関係にもとづく充足を重視して自己効力感をとらえ直すことも必要である。なぜなら，「他者への奉仕をつうじて自分が満たされる」ような意味や価値（＝情報）の実現が，ともすれば生身の相手に対する想像力を欠いてしまいがちな情報社会のコミュニケーションを避けることにつながるからである。情報リテラシーは，単にコンピュータや情報資源を使いこなす能力に限らず，自分とは違う意見に耳を傾けたり他者の立場に立って考えたりできる理性的な人格のあり方にも関わっている。

情報活用能力としての情報リテラシーは，次の二つの点で，図書館と密接な関わりをもっている。1つは，図書館には，利用者に情報リテラシーを体得させるための働きかけが求められている，という点である（この図書館による情報リテラシー教育については第13章で詳しく述べる）。もう1つは，図書館の職員が情報サービスをおこなうための専門知識として，情報リテラシーを身につける必要がある，という点である。この点については，本科目ならびに図書館に関する科目全体を通じて基礎を身につけ，司書となる資格を取得した後も，さまざまな研修会などの学習の場を通じて一層高めていくことが司書には求められる。

第3節　ウェルビーイングを支援する図書館の情報サービス

a．サードプレイス

「情報」が知識の断片というだけでなく，生きることや人格と不可分に結びついたもので，内面に形成される意味であると本章第1節で述べた。図書だけでなく，家族や友人，映画，音楽，ゲーム，絵画，動植物，洋服など，自分自身が思い入れをもつあらゆる対象が，意味ある出会いを媒介してくれる「情報メディア」（意味形成の媒介物）になりうる。このような情報メディアを通じた「出会い」のなかで，自分が変えられたり世界が広がったりする期待が生まれ，私たちをわくわくさせる。そのような体験は，ウェルビーイング（健康で安心なこと，充実した生活，広義の福祉，幸福）のための有意義なファクター（要因）である。

生活を振り返ってみると，学生であれば家と学校，そしてせいぜいアルバイト先などの限られた場所で多くの時間を過ごす人が多いだろう。余暇や空き時間にスマホやパソコンでネットにつなぎ，動画を楽しんだりするときも，日常のさまざまなストレスから目をそらすために，娯楽系のコンテンツを中心に消費して漫然と過ごしてしまうこともあるかもしれない。

　図書館は社会教育施設の1つである。社会教育とは，学校以外の場での教育活動であり，生涯学習社会の構築がめざされている現在，図書館に大きな役割が期待されている。生涯学習の本質は，学校教育のように決まったカリキュラムに沿って学ぶのではなく，各人が自分の興味関心を育てて人格を成熟させていくような学びである。

　家が私的な場であり，学校や職場が公的な場，つまり何らかの組織や共同体に参加している状態であるのに対し，完全にプライベートでも完全にパブリックでもない第三の場，公私の間にある場を「サードプレイス」という。

　わくわくするような出会いと学びは，このサードプレイスで得られるかもしれない。たとえば，趣味や芸術を介してつながる共同体は，家庭とも職場とも異なる場である。図書館は，現代のサードプレイスの一種としての役割が期待される施設である。

　なお，サードプレイスとは，物理的な空間というより，「公私の間にある」という質的観点から定義される点にも留意したい。つまり，自分の世界だけに引きこもる状態（私的）でも社会に期待される役割を果たす状態（公的）でもなく，自分にとって意義ある「出会い」の情報空間がサードプレイスであるということもできる。辛い現実から一時的に目を逸らせてくれるような楽しい本の世界も，一種のサードプレイスと呼べるかもしれない。そうした広義の「ひと息つける場」の経験は，単なる現実逃避に終わらずに，今直面している問題を冷静に客観視したり，問題に対処する力を与えてくれたりすることもある。このように，図書館は，人がよりよく生きることや生きがいを得るためのウェルビーイングを担う情報空間の提供を期待されているとみることができる。そして，図書館における情報サービスは，このサードプレイスとしての図書館の機能を最もよく発揮させるための司書による支援のかたちでもある。

b．ウェルビーイングを支援する情報サービス

　本章第2節では，司書が利用者を支援するために，情報資源を活用する能力，情報リテラシーを高めていく必要性を学んだ。利用者の相談には，軽いものから重いものまでさまざまあり，簡単な調べ物の相談もあれば，生き方に関わる決断が求められるような深い問題が根底にある場合もある。

　困難な課題に直面しているとき，私たちを心の奥底から力づけてくれるのは，人との出会いといえるかもしれない。著者が故人であろうと外国人であろうと，書物を通じた著者との出会いが，生きる力を与えてくれることもある。司書は，自分自身が利用者に寄り添ってニーズに沿った資料を提供し，最適解を考える支援をおこなうとともに，古今東西のさまざまな著作＝人格との出会いを提供することによって，利用者を支えるサポーターを増やす仲介者の役割を果たす。そのような役割を担う司書は，利用者にとって，課題の相談（第1節で述べた「悩みの告白」）ができるような信頼できる存在であることが求められる。

　図書館がおこなう情報サービスの代表はレファレンスサービス（質問回答サービス）である。全国の図書館がレファレンスサービスをおこなった事例集を国立国会図書館がデータベースにまとめて公開している（レファレンス協同データベース，略称「レファ協」）[5]。これを見ると図書館に

寄せられる質問には，知識的な調べものだけではなくて，生き方に関係する相談も多いことがわかる。以下に質問の例を示そう。

① 「なぜ外国と日本は分けられているのか。（小学生）」
② 「日本の中学生は幸せですか？（中学生の宿題）」
③ 「小学5年生の孫に，自分が常識だと思っていたことがあまり通じない。自分の子ども時代と現代の子どもたちとは価値観や考え方が違っており，世代間の距離を感じる。彼らが日常の中で何を思ったり，どんな風に感じたりしているのか知りたい。」
④ 「私は「このままじゃろくな大人にならない」とよく言われるが，「ろくな大人」とはどんな大人なのか。また，大人になるとは結局何なのか。」（高校図書館）
⑤ 「時代によって「美人」の定義はどのように違いがあるのかを知りたい。日本の事情に限る。」
⑥ 「おすすめの絵本はありますか。下の子と仲良くしてほしいんですが最近年中のお兄ちゃんが乱暴になってきたんです。」
⑦ 「人生を変えるマンガを紹介してほしい」
⑧ 「失恋しました……，心が癒される本を貸してほしい」
⑨ 「時間のやりくりに関する本はないか。バイトの後，帰宅してからお弁当作りや宿題をやっていると，寝不足になる。高校生向けに，仕事（バイト）・学業（資格試験受験）・家事の両立，といった視点の本を紹介してほしい。」
⑩ 「自身の子ども（10代）から整形をしたいと言われた。家族で相談していきたいが，相談してきた子どもの気持ちや，どのように話合い声をかければいいのかがわからない。参考になる本はないか。」
⑪ 「すぐにキレてしまう自分をなんとかしたい。絵本やマンガなどわかりやすい「怒り方」の本はないか。」
⑫ 「かわいくなるにはどうしたら良いか」

　いずれも，生き方に深く関わる問いであり，単なる知識的な解決を求めたものではない。たとえば，事例⑫の「かわいくなるにはどうしたら良いか」の回答として，最終的には「自分を好きになるための本」を紹介している。こうした，生きる意味にも関わるような実存的な利用者の問いに対して，どのような情報メディアを，どのように提供・紹介したらよいか，司書は，熟慮しつつもスピード感をもって対応しなくてはならない。

　日本図書館協会が制定した「図書館員の倫理綱領」の第5には，「図書館員は常に資料を知ることにつとめる」とある。司書は，図書と情報メディアの世界に通じた専門家として，利用者のウェルビーイングを支援するための情報サービスを担う存在であり，そのために，常に数多くの資料を知ることにつとめ，ニーズに応えて適切に提供・紹介できるようにする姿勢が求められ

る。

　自館の図書資料の配架場所と蔵書構成に通じ，調べ物に役立つデータベースや参考図書（辞書，事典，年表，地図などの調べ物をするためにつくられた図書）の種類や特性を把握して，その時々に応じて適切なツールを迅速に選ぶ力をもち，相談者に対して紙媒体の資料またはその一部を提供するのか，データベースから検索するのか，情報をもつ機関や人物を紹介するのかなどを判断できることが必要である。また，後章で扱うパスファインダーを準備して，テーマ別の調べ方を明示しておくことも重要だろう。

　このように，図書館の情報サービスは，個々の調べ事の相談に応じたり，先回りして情報提供・情報発信したりするかたちでおこなわれることが多い。司書は情報資源に関する専門知識を身につけ，図書館においてさまざまな情報資源を前もって入手・整理しておくことに加え，その種類と活用法について承知しておかねばならない。

設　問

(1)　本章第3節bで示したレファレンス協同データベースの12の事例を実際にWebで確認し，司書の回答プロセスと回答内容の工夫について考察しなさい。
(2)　「図書館員の倫理綱領」の第5「図書館員は常に資料を知ることにつとめる」について，自分自身がどのように取り組むべきか，具体的に考えなさい。

参考文献
1．西垣通『基礎情報学──生命から社会へ』NTT出版，2004年
2．三輪眞木子『情報検索のスキル──未知の問題をどう解くか』中央公論新社，2003年

注）
1）西垣通は，コンピュータが処理する情報のように，意味が潜在化した情報を「機械情報」と名づけた。西垣通『基礎情報学──生命から社会へ』NTT出版，2004年，pp.125-126。
2）ライブラリアンシップについては，二村健『図書館の基礎と展望』学文社，2011年，pp.74-79も参照。
3）朝比奈大作『図書館員のための生涯学習概論』日本図書館協会，1998=2003年，pp.240-241参照。
4）例えば，三輪眞木子『情報検索のスキル──未知の問題をどう解くか』中央公論新社，2003年，pp.108-110。
5）レファレンス協同データベース　https://crd.ndl.go.jp/（2024.1.23現在参照可）

2 図書館における情報サービスの種類

　図書館は利用者の情報ニーズに対応するためにさまざまな情報サービスを提供している。例をもとにどのような種類のサービスがあるか理解しよう。

第1節　情報ニーズを満たす図書館の活用

　本節では，図書館で植物の名前を調べるＡさんの例を紹介し，次節以降で具体的な図書館の情報サービスについて解説する（例の括弧内の数字は次節以降のサービスの説明に対応している）。

　美術を専攻するＡさんは，通学途中で見つけた花を題材に作品を描いた。花の名前を作品のタイトルにしようと思い，インターネットの画像検索で調べたものの，わからなかった[1]。先生に相談したところ，図書館で調べてみてはどうかというアドバイスをもらったので，近くの公立図書館に行ってみることにした。

　図書館に着いたＡさんは，花の資料がある書架の場所を，近くの図書館員に聞いたところ，「植物」の書架へ案内された【①】。書架の図書数点に目を通したが，これといったものが見つからず，あきらめかけていたところで「？」のサインがある相談カウンターがあることに気がついた[2]。

　カウンターの職員に花の画像を見せながら，花の名前を調べている旨を伝えたところ，撮影時期，時間帯，場所などの質問を受けたうえで，たくさんの図鑑や事典が並んだコーナー【②】に案内され，数点の資料を紹介してもらった【③】。図鑑で似た花を見つけたものの，自信がなかったので，もう一度図書館職員に相談したところ，近くにある博物館の学芸員に相談してはどうかと提案された。図書館職員から博物館の専門の学芸員に連絡してもらったうえで【④】，

写真2-1　植物関連のレファレンスブック

博物館へ向かった。

　判明した花の名前とともに作品の画像をSNSに載せたところ，好評価をたくさんもらい，植物に興味をもつようになったＡさんは，数日後に再度図書館を訪れた。

　図書館員に，先日のお礼と植物に興味をもったことを伝えると，近隣の植物を調べる際に役立つ「〇〇市の植物を調べる」というタイトルのパスファインダーをもらった【⑤】。

　Ａさんは小説が好きなので，植物を題材とした作品がないか質問すると，いくつかの図書を紹介してもらった【⑥】。そのうちの有川浩[3]の『植物図鑑』という作品が気に入ったので，この作家の資料が新しく所蔵されるとお知らせメール【⑦】が届くサービスに登録した。

第2節 直接サービス

　図書館がおこなう情報サービスは直接サービスと間接サービスに大別される。直接サービスは利用者と図書館員が直に接してコミュニケーションを取りながらおこなわれるサービスであり，人的サービスとも呼ばれる。直接サービスにはレファレンスサービス，レフェラルサービス，カレントアウェアネスサービス，利用案内，読書相談などがある。以下では前節の例も参照しながらそれぞれのサービスを紹介する。

a．レファレンスサービス（質問回答サービス）

　ここでは狭義のレファレンスサービスとして質問回答サービスに関して説明する。レファレンスサービスは図書館の代表的な情報サービスである。何らかの情報要求にもとづいた利用者からの質問に応じて，図書館員が直接回答したり，資料を提示したりするサービスである。レファレンス専用のカウンターを設置している図書館では，専門の担当者を配置している。

　Aさんの例では，レファレンスカウンターの図書館員へ花の名前を調べるために資料の相談をし，応対した図書館員は質問を掘り下げて確認したうえで資料を紹介している【①】。

　なお，来館しない，できない人のためにWebサイトやメール，電話やFAX，郵送などの方法でレファレンス質問を受け付けている図書館もある。

　ちなみに広義のレファレンスサービスは質問回答を中心とした直接サービスだけではなく，後程取り上げる間接サービスまでを含めたサービスである。

b．レフェラルサービス

　レフェラルサービスは，利用者から質問を受けた際，図書館がもつ情報源で回答できない場合に，その分野の専門家や専門機関に代理で照会して情報を入手し提供したり，専門家や専門機関を紹介したりするサービスのことをいう。レフェラル（referral）は「紹介」，「照会」を意味する。

　Aさんの例では，図鑑で調べたものの，花の種類を特定するまでには至らなかった。そのようなときに，図書館員が図鑑をみて種類を特定するのではなく，博物館の専門の学芸員を紹介し，相談してもらうよう対応している【④】。

　レフェラルサービスを効果的におこなうためには，そもそも図書館で解決できないのであれば，外部の機関へ問い合わせるという習慣を身につけること，専門機関の情報を把握しておくこと，近隣の専門機関や，公共図書館の場合は自治体内の他部署との関係を構築しておくことが大切である。

c．カレントアウェアネスサービス

　カレントアウェアネスサービスは図書館が最新情報を提供するサービスである。利用者や利用者グループの情報要求を把握して，図書館の側から能動的に提供するところが特徴である。具体的にはSDI（Selective Dissemination of Information Services）サービスや雑誌の最新号の目次情報を提供するコンテンツシートサービスがある。

例では特定の作家の資料が図書館に所蔵された際，お知らせのメールがAさんへ届くように登録しているが，これはSDIサービスに該当する【⑦】（カレントアウェアネスサービスについては第12章を参照）。

d．利用案内

利用案内には大きく分けて場所の案内と利用法の案内がある。場所の案内は，図書館内の施設や資料がある書架の場所，検索用の端末（OPAC）の場所を案内することがあげられる。

Aさんの例では，図書館員が植物の棚の場所をAさんに伝えていた。このような館内で迷っている利用者に対する場所の案内はよくおこなわれている【①】。

利用法の案内は，図書館の利用方法やコンピュータを使用した検索の仕方を教えたり，マイクロフィルムや電子メディア，映像資料，録音資料を再生するための機器の使用法を教えたりすることである。図書館側であらかじめプログラムを用意して実施される，図書館ツアーや図書館オリエンテーション，情報をより効果的に入手し利用する方法を習得することを意図した文献利用指導も利用案内に含まれる。

e．読書相談

利用者が漠然とした情報ニーズをもって図書を探している場合に，図書館員が利用者の相談に応じて，適切と思われる図書を紹介することを読書相談という。利用者からの聞き取りを通して要求を把握して，資料の選択・探索・入手を援助する。たとえば，絵本や文学作品の内容に関する質問は読書相談である。また，「子どもが本を読むようになるにはどうすればよいか」という質問も広い意味での読書相談に該当する。

Aさんの例では，植物を題材にした小説に関する読書相談をおこなった結果，図書館員からいくつかの作品を紹介されている【⑥】。

第3節　間接サービス

間接サービスは，図書館員が利用者と直接の接点をもたないが，モノなどを介して間接的に関係する。利用者の情報ニーズを想定し，あらかじめ物的資源や設備を準備するサービスである。具体的には，レファレンスコレクションの構築・管理，パスファインダー等のレファレンスツールの作成があげられる。レファレンスコレクションおよびレファレンスツールを充実させることは，レファレンスサービス等の直接サービスを提供するときや，利用者が自身で調べ物をする際に有効である。

写真2-2　別置されるレファレンスコレクション（平塚市中央図書館）

a．レファレンスコレクションの構築と管理

レファレンスコレクションとは，図書館がレファレンスブックやレファレンスツールを中心とした資料を収集

し，組織化した資料群である。

レファレンスブックは百科事典，辞書，便覧，年鑑や文献情報を調べるための書誌，索引，抄録などが該当し，参考図書とも呼ばれる。レファレンスツールとは，レファレンスサービスの回答の際に使用する「調べ物をするための情報源」であり，レファレンスブックだけではなく，CD-ROM，DVD-ROM 形態の電子資料，Web サイトやデータベースなどのネットワークの情報資源も含んでいる。

構築されたレファレンスコレクションは一般図書とは別に，レファレンスカウンターの近くに置かれることが多い。A さんが案内された，たくさんの図鑑や事典が並んだコーナー【②】は別置された例である。

レファレンスコレクションはその有効性を定期的に評価しなければならない。利用者の情報ニーズを満たすことができているか，不足している資料はないか，不要な資料がないかをチェックする。評価は，日頃の利用状況やレファレンスブックの書評，出版社が発行する広告冊子，他の図書館のコレクションなどを参考に実施するのが望ましい。

b．レファレンスツールの作成

レファレンスコレクションの構築に際してのレファレンスツールは，たいていの場合，市販のレファレンスブックやデータベースで充足されるが，図書館が独自にレファレンスツールを作成することがある。公共図書館では，地域に関連する資料リストや新聞記事の切り抜きなどをまとめて提供するケースが見られる。

また，あるテーマに関する資料や情報を探すための手順をまとめたパスファインダーと呼ばれる独自のレファレンスツールを作成し，利用者がこれを手引きにして，探したい資料を効率的に発見できるようにしている図書館がある。A さんの例でも地域の植物を調べるためのパスファインダーが登場している【⑤】（パスファインダーについては 12 章も参照）。

第4節　課題解決型（図書館として）の情報サービス

2000 年代に入ってから課題解決型の図書館が提唱され，いくつかの公共図書館で課題解決を支援するサービスが提供されるようになってきた。

文部科学省『地域の情報ハブとしての図書館—課題解決型の図書館を目指して—』（2005 年）では，公共図書館が新たに期待される役割を「課題解決型の公共図書館」と掲げ，想定される図書館が支援すべき地域の課題に表 2-1 の 6 つをあげている[4]。

また，文部科学省告示「図書館の設置及び運営上の望ましい基準」（2012 年）では，市町村立図書館がサービスの実施に努める事項の 1 つに「地域の課題に対応したサービス」があげられている[5]。

表 2-1 『地域の情報ハブとしての図書館』が示す図書館が支援すべき地域の課題

①ビジネス支援
②行政情報提供
③医療関連情報提供
④法務関連情報提供
⑤学校教育支援（子育て支援含む）
⑥地域情報提供・地域文化発信

　このような流れを受け，いくつかの公共図書館では，地域の問題・課題・ニーズは何かを考え，対象領域（テーマ）を設定して，それに関する情報を求めてくる利用者の課題に対応するために直接サービス・間接サービスを総動員して課題解決型の情報サービスを提供している。

　神奈川県立川崎図書館は，「ものづくり情報ライブラリー」をコンセプトに，ものづくり支援に関わる情報サービスに力を入れている。ものづくりに関わる技術系の電子ジャーナルやデータベース，2万点を超える社史コレクション，技術関連の専門誌（たとえば『日本ゴム協会誌』，『ばね』など）を揃えており，資料の利用のために遠方からも利用者が足を運んでいる。また，知的財産関係の講座，専門家による創業・経営相談を実施したり，社史の

写真 2-3　専門誌が並ぶ雑誌架
（神奈川県立川崎図書館）

編纂セミナーを開催したりしている[6]。これらの特徴的な取り組みは，もともと工業地帯である川崎で科学技術の情報を提供するという，地域のニーズへ対応するところからはじまり，図書館員の企画力を発揮したサービスとなっている。

　逗子市立図書館では「健康・医療情報コーナー」を設けている。医療全般の本からはじまり，病気別の闘病記，図書館発行のブックリストやパスファインダー，がん情報，その他疾病に関するパンフレットなど豊富な情報提供をしている。逗子市の国保健康課や高齢介護課が作成したチラシも配布しており，同一市内で部署を超えて連携している。また，利用者の健康づくりに役立てるため「逗子市立図書館おさんぽ map」を作成している[7]。これ

写真 2-4　健康・医療情報パスファインダー
（逗子市立図書館）

は館内を散歩した場合に歩いた距離や階段の段数がわかるというユニークなマップである。これら健康・医療関係の情報サービスは，県内平均と比較して高齢化率が高いという同市が抱える課題に対応した取り組みである。

　ビジネスや健康・医療の分野だけではなく，自治体，地域そして住民が抱える課題はさまざまである。図書館は所有する情報資源と誰もが利用できるという敷居の低さという特色をいかし，それぞれの課題解決を支援する情報サービスを提供することが求められている。

設 問

⑴ 図書館における情報サービスの直接サービスおよび間接サービスとはどのようなものか，具体例をあげながら説明しなさい。

⑵ 課題解決を支援するためにどのような分野で情報サービスが提供されているか，図書館の Web サイト等を閲覧して調査しなさい。

参考文献

1. 長澤雅男『レファレンスサービス：図書館における情報サービス』丸善，1995 年
2. 根本彰・齋藤泰則 編『レファレンスサービスの射程と展開』日本図書館協会，2020 年

注）
1) 植物分類学等を専門とする学芸員の大西亘は図鑑，インターネットおよび専用スマホアプリを使用した植物の名前の調べ方を紹介している。大西亘「植物の名前どうやって調べる」『自然科学のとびら』第 22 巻 3 号，2016.9，pp.22-23。
2) レファレンスカウンターは一般書の貸出返却用のカウンターとは別に設けられていることが多い。カウンターの名称は各図書館でそれぞれであるが，糸賀雅児は利用者にわかりやすいサインとして"どんな相談ごとでも受け付ける意思表示として「？」マークが良いだろう"（参考文献⑵ p.224）と示している。
3) 有川浩の小説に『図書館戦争』シリーズがある。実写映画化やアニメ化もなされている。
4) これからの図書館の在り方検討協力者会議『地域の情報ハブとしての図書館―課題解決型の図書館を目指して―』文部省生涯学習政策局 https://www.mext.go.jp/a_menu/shougai/tosho/houkoku/05091401.htm（'24.2.26 現在参照可）。
5) 「市町村立図書館は，利用者及び住民の生活や仕事に関する課題や地域の課題の解決に向けた活動を支援するため，利用者及び住民の要望並びに地域の実情を踏まえ，次に掲げる事項その他のサービスの実施に努めるものとする。ア 就職・転職，起業，職業能力開発，日常の仕事等に関する資料及び情報の整備・提供 イ 子育て，教育，若者の自立支援，健康・医療，福祉，法律・司法手続等に関する資料及び情報の整備・提供 ウ 地方公共団体の政策決定，行政事務の執行・改善及びこれらに関する理解に必要な資料及び情報の整備・提供」（「図書館の設置及び運営上の望ましい基準」平成 24 年 12 月 19 日文部科学省告示第 172 号）
6) 実際に社史編纂に携わった方を講師とした社史編纂セミナーを開催し，企業における社史編纂の過程や，担当者が社史に込めた想いを共有できる機会を設けており，これから社史を発行する会社の後押しをしている。高田高史『社史の図書館と司書の物語：神奈川県立川崎図書館社史室の 5 年史』柏書房，2017 年，pp.82-105。
7) 逗子市立図書館「逗子市立図書館おさんぽ map」．
https://www.library.city.zushi.kanagawa.jp/images/upload/osanpomap202208.pdf（'24.2.26 現在参照可）。

3 図書館における情報サービスの理論的展開

　本章では，図書館で取り組まれる情報サービスを支える「理論」について学ぶ。図書館はその設置目的やサービス対象によって，教育機能を重視したり，情報提供機能を重視したりする。ここでは，図書館の館種と重視される機能，理論との関係を理解しよう。

第1節　レファレンスサービスの定義

　ウィリアム・ビショップ（William Warner Bishop, 1871-1955, 写真 3-1）の「レファンスワーク」論によれば，「レファレンスワークは図書館そのものの歴史に則している」[1] という。つまり，人的援助は図書館の発生と同時におこなわれてきたため，レファレンスサービスのはじまりもその起点にあると考えてよいということである。

　しかし，組織的な図書館サービスの1つとしてレファレンスサービスを提唱したのは，マサチューセッツ州ウスター公共図書館（Worcester Public Library）のサミュエル・グリーン（Samuel Green, 1837-1918）とされる。グリーンは，1871 年から新しいかたちの図書館サービスに取り組みはじめ，1876 年の第1回全米図書館大会でこれに関する報告をおこなった[2]。このとき，グリーンは reference service とはいわず personal intercourse between librarians and readers と呼んだが，ほどなく aid to readers に縮められ，その後，assistance to readers という用語に改められ広く普及した[3]。

写真 3-1　ウィリアム・ビショップ

　レファレンスサービスの定義の最も早い例は，米国コロンビア大学の図書館員であったチャイルド（William B. Child, 生没年不詳）といわれる[4]。彼はこれを次のように定義した。

　レファレンスワークが意味するものは，単に図書館によって利用者に与えられる援助であって，目録の複雑さを教えたり，質問に答えたりすることであり，手短に言えば自己の管理下にある図書館資源の利用を容易にするために最大阪の努力をすることである。

　1930 年，レファレンスサービスの古典的教科書といわれる『レファレンスワーク（*Reference Work : A Textbook for Students of Library Work and Librarians*）』を著したジェームズ・ワイヤー（James I. Wyer, 1869-1955）[5] は，次のように定義している[6]。

　研究と調査のため図書館蔵書を解釈する際になされる思いやりある学識豊かな人的援助

　米国イリノイ大学で，カナダ人として初めて図書館学の博士学位を
取得し，カナダのブリティッシュ・コロンビア大学に図書館情報学部
を設置したサミュエル・ローススティーン（Samuel Rothstein, 1921-,
写真 3-2）は，その著書『レファレンスサービスの発達』において，
レファレンス業務について以下のように定義した[7]。

写真 3-2　サミュエル・
　　　　　ロースステーン

①　情報を求める個々の利用者に対して，図書館員が人的援助を提
　　供すること
②　このような援助が教育的な機関としての図書館の責務を遂行す
　　るのに不可欠な手段であることを図書館が認識しそのような援助
　　を提供する確固たる責任をもつこと
③　こうした援助を提供するために，レファレンスワークの技術を特別に身につけた人びと
　　から構成される特定の運営組織単位が存在すること

　ローススティーンの定義にもとづけば，レファレンス業務は社会的背景によって要請された時
点で発生したとみなされる。つまり，レファレンスサービスの起点は，組織された計画的業務と
して取り組まれた時点ということになる。

　また，フロリダ州立大学図書館学部長を務めたルイス・ショアーズ
（Louis Shores, 1904-1981, 写真 3-3）は，レファレンスサービスを図書
館利用者との関係の点から，直接的・間接的なものの 2 つに整理し
た[8]。「直接的なレファレンスサービスは情報を求めている利用者に提
供される人的援助」であり，「間接的なレファレンスサービスは目録，
書誌，その他の図書館コレクションへのアクセスに役立ち，他の大規
模もしくは専門的な図書館と協力してサービスを提供するためのレ
ファレンスツールの準備と開発」であるとした。

写真 3-3　ルイス・ショアーズ

　1970 年代以降，情報技術の進展にともない，コンピュータ処理さ
れる情報資源を活用しはじめたころから，従来レファレンスサービス
と呼ばれてきたサービスは，情報サービスと呼び名が変化していった。

　現在のレファレンスサービスの定義は，米国図書館協会（American Library Association）傘下
のレファレンス・利用者サービス協会（Reference and User Services Association）が 2008 年に公
表した以下のものがあげられる[9]。

　*レファレンス処理（Reference Transaction）は，特定の情報要求を満たす手助けのために図書
館員が情報資源を推薦・解釈・評価・利用のいずれか，もしくはそれらを組み合わせて実施する
情報相談活動のことである。*

　*レファレンスワーク（Reference work）は，レファレンス処理及び，情報もしくは調査のため
の資源，ツール，サービスを整え，管理し，評価する諸活動のことである。*

これらの定義は，いずれもレファレンスサービスとは何かを端的に示すものである。しかし，とらえ方によって，レファレンスサービスと見なされる要件が異なっている。

第2節 **図書館の種類と重視される情報サービス機能**

図書館は奉仕対象や奉仕目的によっていくつかの種類に分けられるが，いずれの館種もなんらかの情報サービスに取り組んでいることが確認できる。図書館の設置目的や取り組まれる情報サービスの手法が組み合わされて図書館における情報サービスのどこの部分に力点がおかれているのかが変わってくる（図3-1）。

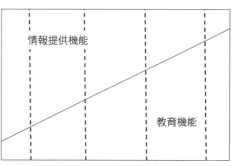

図3-1　図書館の種類と重視される機能の関係
出典：『新・図書館学ハンドブック』雄山閣，p.265を参考に作成

a．教育機能

図書館を教育機関や教育を支援する組織の1つとしてみなし，利用者が自ら情報を入手し，知識を身につけること（のちに自ら情報を評価したり発信したりするまで範囲を拡大させた）を目的とするのが図書館の教育機能である。その機能を図書館が果たすために，図書館員による援助が重要であると考えられた[10]。この援助は，ある意味，図書館員が必要に迫られてはじめられたものと考えることもできるが，図書館による組織的な取り組みとして確立することで，1つのサービスと認識されるようになった（図3-2）。

とくに公共図書館，大学の初年次または教養課程の学生に奉仕する大学図書館，教育課程に資するために設置される学校図書館は，設置経緯や設置目的から教育機能を重視してきた。これらの図書館は，情報提供機能にもとづく情報そのものを提供することでは学びにつながらないと考え，必要とする情報を入手し，新た

図3-2　教育機能における情報資源と図書館員と利用者の関係

な知識を身につけることとともに資料や情報の探索方法などの能力を身につけることも学びであり，図書館の教育機能を果たすものであると位置づけてきた。

b．情報提供機能

図書館のなかには，組織の運営や活動に役立つことを目的として設置されるものがある。専門図書館である。これらの図書館は，情報を自ら探す能力を利用者に身につけさせることを重視しておらず，組織活動を円滑に進めるのに必要な情報，役立つ資料を率先して提供することで設置目的を果たそうとしてきた。図書館で扱われる情報に対する利用者と図書館員のかかわりが明確

に分けられている。そのため，ネットワーク環境の整備によって容易に情報が入手できるようになったと利用者が考えるようになるなかで，なんらかの付加価値をつけた情報提供が必要だと考えられるようになったのである[11]（図 3-3）。

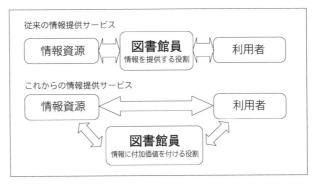

図 3-3　情報提供機能における情報資源と図書館員と利用者の関係

第 3 節　**図書館の機能とレファレンスサービス理論**

　レファレンスサービスのあり方は，図書館員や図書館学者が図書館の教育的機能を重視する立場と情報提供機能を重視する立場，その中間の立場のそれぞれの立場から，主張されてきた。それら 3 つの立場は，1930 年，前述のワイヤーにより，教育機能を重視する保守理論（保守論ともいう），情報提供機能を重視する自由理論（自由論ともいう），両者の中間の立場である中間理論（中庸論ともいう）に分けて整理された。その後，ロ-ススティーンが，これらの理論を最小理論，最大理論，中間理論と整理しなおした（表 3-1）。

表 3-1　図書館の機能と理論の関係

	教育機能重視 ←───────→ 情報提供機能重視		
ワイヤー	保守理論	中間理論	自由理論
ロ-ススティーン	最小理論	中間理論	最大理論

a．保守理論/最小理論

　米国の公共図書館で利用者支援（aid to readers）が始まった当初からそのめざすところは今日の保守理論に相当するものであった。1891 年にチャイルドは第 1 節のように述べたし，同様の論は，デューイ（Melvil Dewey, 1851-1931）やジョン・コットン・ディナ（John C. Dana, 1856-1929）[12] によっても主張された。

　その後，1915 年にビショップは，「レファレンスワークは利用者による何らかの調査研究を図書館員が支援するために提供するサービスである。そのサービス自体は研究ではなく，研究は利用者によってなされる」[13] という保守理論の集大成とされる主張をおこなった。

b．中間理論

　中間理論を主張したのは，ニューヨーク公共図書館のマコームズ（Charles F. McCombs, 1887-没年不詳）であった。マコームズは，図書館学の手引書として刊行された『レファレンス部門（*The Reference Department*）』のなかで，「図書館員が図書と利用者の仲立ちをする」[14] 役割を述べたう

えで，図書館員が，利用者の求める資料を提示したり，事実や情報源を提示したりすれば，利用者の調査研究にそれ以上関与しないとする論を主張した[15]。

ｃ．自由理論/最大理論

　自由理論は，情報提供機能を重視する専門図書館が発展する状況などを反映し，保守理論に対抗する論として主張しはじめた。はじめに自由理論を明確に主張したとされるのがワイヤーであった。1930年にワイヤーは，『レファレンスワーク』（前掲）のなかで，ビショップやディナなど，それまでの論を保守理論と整理したうえで「すべての図書館がレファレンスワークに対する利用者の要求に最大限の注意を払うべき」[16]で，その実現には図書館員による解釈が必要であると主張した。だが，ワイヤーも無条件に自由理論のみを主張したわけでない。大学図書館や学校図書館が，学生・生徒に対して教育的な援助を重視するべきことを記している[17]。

　ワイヤーの主張は，1944年にハッチンス（Margaret Hutchins, 1884-1961）による「レファレンスワークは，いかなる目的であっても，情報を求める利用者に対し，館内で行われる直接的な援助で，情報ができるだけ容易に利用できるよう意図された図書館の各種活動である」[18]という主張[19]やローススティーンによる研究の過程に関与し，情報を提供する「専門図書館的な性格の広範なサービスが今では公共図書館にふさわしいサービス上の責務となっている」[20]という主張につながっていった。

表3-2　レファレンスサービス理論の主な論者とその主張要旨

保守理論 （最小理論）	チャイルド （William B. Child）	「利用者に複雑な目録を理解させること，資料へのアクセス促進」をめざす指導的な役割とする論
	デューイ （Melvil Dewey）	「利用者援助は質問に応じてあらゆる援助を提供することだが，情報を資料から引き出すのは利用者の役目」とする論
	ディナ （John C. Dana）	「図書館の責務は利用者自ら回答を引き出すことができるよう資料の利用法を教えること」とする論
	ビショップ （William W. Bishop）	「レファレンスワークは研究を援助するために図書館員がおこなうサービスであり，研究は利用者がおこなう」とする論
中間理論	マコームズ （Charles F. McCombs）	「なんらかの研究，特定の目的の研究に必要とする資料や事実を求める利用者に対して図書館員が提供する援助」という論
自由理論 （最大理論）	ワイヤー （James I. Wyer）	「すべての図書館がレファレンスワークに対する利用者の要求に最大限の注意を払うべき」とする論
	ハッチンス （Margaret Hutchins）	「目的を問わず，情報を求める人に対して，情報ができるだけ容易に利用できるよう意図した図書館の諸活動」という論
	ローススティーン （Samuel Rothstein）	「利用者が節約できる時間のほうが図書館員の費やす時間より価値がある場合，図書館員が情報提供するほうが経済的である」という論

ｄ．新たな理論

　ネットワーク環境におけるレファレンスサービスの理論について，従来のレファレンスサービスの理論で示されてきた保守論と自由論にもとづき，考察し保守論と自由論を併せた新たな理論が必要であるとの見解も示されている[21]。

設 問

(1) レファレンスサービスの定義について，その要件がどのようにとらえられてきたかを 900 字程度に まとめなさい。
(2) 身近な公共図書館で実施されている情報サービスを調査し，教育機能と情報提供機能のどちらに力 点がおかれているのかという観点から整理し，900 字程度にまとめなさい。

参考文献

1. サミュエル・ローススティーン／長沢雅男訳『レファレンスサービスの発達』日本図書館協会，1979 年
2. 長澤雅男『レファレンスサービス：図書館における情報サービス』丸善，1995 年
3. 齋藤泰則『図書館とレファレンスサービス：論考』樹村房，2017 年

注)

1) W.W. Bishop, The theory of reference work, *Bulletin of the American Library Association*, vol.9, July. 1915, p.135.
2) 諏訪利幸「サミュエル・グリーンの『民衆図書館』：1876 年論文の 28 事例からみえるもの」『情報化社会・メディア研究』放送大学情報化社会研究会編，第 3 巻，2006 年，pp.85-96。
3) Richard E. Bopp and Linda C. Smith, *Reference and information services: an introduction*, 4th edition, ABC-CLIO LLC, 2011, p.8.
4) William B. Child, Reference work at the Columbia College Library, *Library Journal*, Vol.16, No.10, October, 1891, p298. なお，訳文は二村健。
5) 銀行員から転身。元ネブラスカ大学図書館員。1899 年より同大学助教授。1906 年よりニューヨーク州立図書館学校副校長。1902 年より米国図書館協会(ALA)の要職を務め，会長(1910-11)にまでのぼりつめる。
6) James I. Wyer, *Reference work: a textbook for students of library work and librarians*, Chicago, American Library Association, 1930, p.4.
7) サミュエル・ローススティーン／長沢雅男訳『レファレンスサービスの発達』日本図書館協会，1979 年，p.14 (Samuel Rothstein, The development of the concept of reference service in American libraries, 1850-1900, *Library quarterly*, vol.23, Jan.1953, p.2)。
8) Louis Shores, The Measure of reference, *Southeastern Libraries*, vol.11, no.4, 1961, pp.297-302.
9) Reference and User Services Association. *Definitions of Reference*, Approved by RUSA Board of Directors, January 14, 2008. (https://www.ala.org/rusa/guidelines/definitionsreference, '24.1.23 現在参照可).
10) Allen Kent edit, Encyclopedia of library and information science, *Supplement*, vol.25, M. DeKker, 1978, pp.210-226.
11) 前掲，vol.70, 2002, pp.206-217.
12) John C. Dana, Misdirection of effort in reference work, *Public Libraries*, vol.16, 1911, pp.108-109.
13) 前掲 Bishop, p.134.
14) *Charles F. McCombs, The Reference Department*, American Library Association, 1929, p.2.
15) 前掲，pp.1-2.
16) 前掲 Wyer, pp.4-13.
17) 前掲，pp.187-212.
18) Margaret, Hutchins, *Introduction to reference work*, American Library Association, 1946, p.10.
19) コロンビア大学図書館学校で，ハッチンスからレファレンスサービスを学んだフランシス・チェニー (Cheney, Frances N., 1906-1996) は，1951〜52 年にかけて来日し，慶應義塾日本図書館学校で，図書館員から積極的に支援するサービスとして教授し，日本にレファレンスサービスを広める契機となった。
20) 前掲 7), pp.116-117, 230-233. Samuel Rothstein, The Development of the Concept of Reference Service in American Libraries, 1850-1900, *The Library Quarterly*, vol.23, no.1, 1953, pp.1-15.
21) J.W. Fritch, et al., The emerging reference paradigm : a vision of reference services in a complex information environment. *Library Trends*. vol.50, no.2, 2001, pp.286-305.

4 レファレンスサービスの理論と実践

　前章で，情報サービスの理論的展開を扱った。この章では，とくにレファレンスサービスにまつわる異なった角度からのアプローチをおこなう。読者は，実際に利用者と相対する場面ばめんで，自分はどのような理論や立場に立脚してこのサービスを実施すべきかが考えられるようになってほしい。いうまでもないが，理論と実践の乖離(かいり)は望ましいことではない。

第1節　図書館の教育機能と情報提供機能

a．レファレンスサービスの機能

　前章第2節で，情報サービスの教育機能と情報提供機能を簡潔に整理した。ここで強調しておきたいのは，この2つの機能が歴史のなかで入れ替わるように現れてきたこと

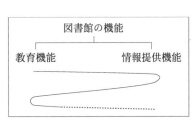

図 4-1　教育機能と情報提供機能

である。また，同時代にあっても，館種によって，また，識者の拠って立つ立場によって，どちらに力点をおくかが異なることである。

　双方の機能は，ともに図書館の本質的で重要な機能であるにもかかわらず，互いに相容れずに(あいい)せめぎ合い，ある時代にはどちらかが重要視され強調されたかと思うと，次の時代にはそれが反論・反駁(はんばく)されるといったように常に揺れ動く性質のものである（図4-1）。この揺れは，社会の状況や思潮によって大きく30年とか50年といった間隔で起こる。

　わが国では，たとえば『市民の図書館』（1970年）前後にその様子を見ることができる。同書の編集主幹であった前川恒雄は，それまでの図書館が教育機能に傾いていたことを批判し[1]，貸出を徹底して重視し，情報提供機能をきわめて重くみる図書館モデルを呈示した。その後のわが国は，1970〜80年代を通じて，『市民の図書館』で示されたモデルをもとにたくさんの図書館がつくられ，質・量ともに大きく飛躍し，多方面に展開していったことは周知のとおりである。しかしながら，1990年代も後半になると，インターネットが人々の情報ニーズを満たしうることが明らかとなり，電子出版，電子書籍，電子図書館などの議論が盛んにおこなわれるようになった。2000（平成12）年，『2005年の図書館像』[2]が出され，『市民の図書館』とは異なる図書館モデルが呈示された。すなわち，情報提供機能の一部を電子的な手段に委ねる一方で，来館者の学習ニーズを満たす教育機能の重要性に着目されたのである。同書には，市民の情報リテラシーの獲得を図書館員が支援する様子が描かれている。このモデルでは，遠隔学習（distance learning）やeラーニング（e-learning）を支援し，また，官公庁職員に対する研修機会の提供もおこなう。こうして，『市民の図書館』に対するある種のアンチテーゼが提出されたが，この間，30年の時間が経過した[3]。

　情報提供機能と教育機能のせめぎ合いが図書館にまつわる各種の理論の背景に色濃く作用する。レファレンスサービスの理論の異なりは大きくはこの揺れに起因すると考えることができる。

　前章で取り上げたジェームズ・ワイヤーは，1876年にサミュエル・グリーンがその1つのあり方 "aid to readers" を提示して以来，米国で発展してきたレファレンスサービスを分析し，初期のころは保守理論に傾いていたが，現代（ワイヤーの活躍した1930年ころ）は自由理論であるべきだと説いた[4]。すなわち，ワイヤーはこれを歴史的発展ととらえたが，いうなれば，図4-1において，およそ50年という時を経て振り子が左から右へ1回振れたと理解するのが正解であろう。振り子はいずれ揺り戻しがある。ワイヤー以降，ハッチンス（第3章で既述）などは，教育機能を一方で重視していたことが知られている[5]。どちらを重視するかは，館種や時々の識者の立場によって異なる。この揺れはとどまることを知らず，未来永劫続いていくのである。

　ひるがえって，自分がレファレンスサービスを担当するとき，相手に応じてどちらの機能を発揮すべきかを瞬時に判断できるよう，理論に精通し実践を積むことが重要というわけである。

b．情報サービスとレファレンスサービス

　現代社会を一言でいえば，情報社会でありインターネット社会である。レファレンスサービスもこれにまつわるテクノロジーの影響を受けて，電子的な新たな機能を獲得しておこなわれる。

　1960年代はコンピュータが飛躍的に発展した10年といわれる。米国では，こうした社会的背景を得て，reference service から reference & information service という表現に変わった。その後 reference が取れ，現代では information service という用語が用いられるようになった。司書課程科目の名称が『情報サービス論』となっている由縁であり，本書もこれにならった。しかし，はたしてこれでいいのかという疑いは残る。図書館は「情報」だけを扱っているのではないからである。古よりもっぱら「知識」を扱ってきた。「情報」だけではすべてを語り尽くせないことを読者はいずれ理解されよう。

第2節　　人的援助と物的援助

　レファレンスサービスは，大きくは人的援助（personal assistance）の部分と物的援助（physical assistance）の部分からなる（図4-2）。人的援助とは，わかりやすくいえば，図書館員が額に汗して利用者にサービスを提供することで，物的援助とは，資料の充実や環境整備など，利用者自らが額に汗する取り組みをたやすくできるようあらかじめ準備しておくことである。利用者が知りたい内容を利用者に代わって図書館員が調べて差し上げる行為は確かに人的援助である。レファレンスサービスの初期の研究者らは，多くこの人的援助にのみ着目していた（たとえば，ワイヤーの定義―第3章）。

レファレンスサービス ｛ 人的援助 / 物的援助

図4-2　レファレンスサービスの構成

レファレンスサービス機能 ｛ 情報・情報源提供機能（＝情報提供機能） / 利用援助・指導機能（＝教育機能）

図4-3　レファレンスサービスの機能

一方で，レファレンスサービスは，利用者の求める適切な回答をもたらすものであるから，その機能は「情報・情報源提供機能」と「利用援助・指導機能」とに分けることができる（図4-3）。この分け方は，前節で整理した「情報提供機能」と「教育機能」に対応する。

このうち，「情報・情報源提供機能」は，実際は利用者が調べるというよりは図書館員が利用者に代わって調べることになろうから，図4-2でいう人的援助にほかならない。利用者のなかには，情報や情報源の提供を受けたいというよりも，自分で調べることができるようになりたいという者もいる。「利用援助・指導機能」とは，そうした利用者に調べ方を教えて差し上げることをサービスの主眼とするものである。調べるのは図書館員ではなく利用者自身だが，調べ方を指導するという点で図書館員が額に汗をするのであり，これも人的援助にほかならない。

わが国の著名なレファレンスサービスの研究者[6]は次のように定義した。この定義では，人的援助と物的援助，情報提供機能と教育機能の関係がわかりやすく整理されている。

レファレンス・サービスは何らかの情報ないし情報源に対する要求を持っている利用者の求めに応じ，図書館員がその要求を満たすと思われる情報ないし情報源を提供し，あるいはその入手方法を指導（援助）することを目的とする人的サービスであり，かつ，それを直接支援する諸業務からなる。

レファレンスサービス担当者は，その調査技術（狭義のレファレンスサービス。ここではこれをレファレンスワーク[7]としておく）を磨くことだけに責務を負っているのではない。あわせて，物的援助をも充実することに十分に意を注がなければならない。表4-1にその業務の構成を示す。これ全体がレファレンスサービスである。

表4-1　レファレンスサービスの業務構成

	情報提供機能	教育機能
人的援助	□情報・情報源の提供 　（狭義のレファレンスサービス 　＝レファレンスワーク）	□図書館利用教育 　文献探索のてほどき 　参考図書の使い方指導 　目録・OPAC の使い方指導 □読書相談
物的援助	□参考図書の整備 □インフォメーションファイルの作成 □目録・書誌・索引などの作成・整備 □レファレンスネットワークの構築 　他の図書館や専門機関との相互協力 □管理的業務 　レファレンスコーナー・関連機器の整備 　レファレンスライブラリアンの配置・研修	□手引き・マニュアルの作成 　簡易マニュアルの掲示・配布 　パスファインダーの作成 　オンラインチュートリアルの 　作成 　FARQ（後述）のまとめと類 　型化および公開

第3節　レファレンスサービスの実践

この節では，レファレンスサービスにまつわる多少の理屈めいたことを取り上げる。以降，各章でより詳しく具体的なことを扱う。

a．レファレンスプロセス

　レファレンスサービスは，利用者からの質問（reference questions，参考質問）を受けてから始まる。発問から回答にいたるまでをレファレンスプロセスと呼ぶことにする（図4-4）。質問は，利用者が来館し口頭で，または自宅から電話やファクシミリ，文書の郵送，電子メールまたはホームページからおこなわれる。最近はチャットやインターネットビデオ通話システムもある。

①　質問内容の確認

　いうまでもないが，レファレンスサービスの立ち上がりにおいて，あいまいなまま質問を受け止めてはならない。ここが明確になっていないと，とんでもない回答をしてしまうことになりかねない。そこで，利用者とのコミュニケーションが重要となる。これが，レファレンスインタビュー（reference interview）である。詳しくは第5章で解説するが，レファレンスプロセスの正否はレファレンスインタビューで決まるといってよい。この時点で，「探索戦略の検討」「ツール／検索語の選定」が図書館員の頭のなかで瞬時におこなわれ，「探索の実行」から「情報（源）の入手」までは職人技がものをいう。

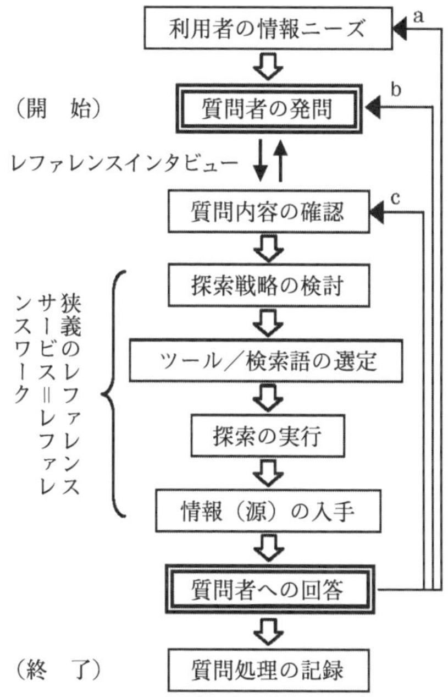

　レファレンスサービスは，インタビューを通じた質問者との全人格的なやりとりのなかで，親しみと信頼感をもたせながら，その結果として，回答と満足（または納得）を与える仕事なのである。なお，参考文献2はやや古いが，質問者とのやりとりが生のかたちで伝わってきて参考になる。読み物としてもおもしろいので一読することをお勧めする。

　最後に，回答の際の鉄則をあげておく（図4-5）。

図 4-4　レファレンスプロセス

出典：長澤雅男・石黒祐子『問題解決ためのレファレンスサービス』日本図書館協会，2007年，p.59を改変

(1)自己の個人的知識・見解で回答してはならない
(2)図書館情報資源を活用しそれを基礎に回答する
(3)複数資料を照らし合わせ裏づけをとる

図 4-5　回答の鉄則

②　回答の未達成

　レファレンスプロセスは，常に成功裏に運ぶわけではない。思わぬ時間がかかる場合は，それまでの経過とすでに得られた情報を「中間回答」として伝え，併せて，今後予想される所要時間も知らせるよう心がける。質問を受けたが“なしのつぶて”では，信頼関係は維持できない。

　調査技術の未熟さを別にして，レファレンスツールの不足などで，どうがんばっても結果的に回答にたどり着けない場合もある。図書館員として悔しい思いをする瞬間だが，“悔しさ”こそ，レファレンスライブラリアンにとっての成長の糧である。ベテランは，何年もしてから意外なところで解決への糸口が見つかったという経験談を1つや2つは必ずもっている。

　仮に，回答へたどり着けなかったとしても，利用者にはこれを素直に伝えたい。そのとき，自分がとった調査・探索プロセスを十分に説明することが肝心である。結果が出せれば，もちろん，「満足」を与えることができよう。期待に反して，結果が出せなかったときでも，「納得」だけは質問者の心に残したい。「自分のためにここまでしてくれた」という思いと対応した図書館員の人柄・誠実さが質問者の「納得」を担保する（後述）。「また，来よう」と思っていただければ，レファレンスワークとしてはともかく図書館サービスとしては成功といえるだろう。

③　質問の処理記録

　レファレンスサービスは，利用者に回答が出せれば終了というわけではない。事後，自分がおこなった調査・探索プロセスと回答をその図書館で定めた形式で記録票に残していく。「しばしばなされる参考質問（FARQ, Frequently Asked Reference Questions）」として類型化しておくと，類似質問を受けたときに役立つばかりか，資料探索の方法や技術の定石化にもつながる。それらを図書館員同士で共有すれば，その図書館全体のレファレンス“力”（後述）が高まることにもなる。また，それを公開すれば利用者が調査・探索技法を自ら学ぶ手助けにもなる。現在，国立国会図書館や県立図書館などでレファレンス協同データベースを公開しているので，これを参考にしたり，その事例の積み上げに協力したりすべきである。

ｂ．参考質問の類型

　参考質問は，何を求めるかという観点から，事実調査と書誌調査，所蔵調査などに分けることができる。

　また，およその所要時間によって区分けすることもできる（表4-2）。

表4-2　参考質問の類型とおよその所要時間

類　型	所要時間
①案内・指示的質問（directional questions）	数秒〜数十秒
②助言・指導を求める質問（readers' advisory questions）	数分
③即答質問（quick or reference questions）	1〜数分
④探索質問（search questions）	数十分〜数日
⑤調査質問（research questions）	数カ月

①は「トイレはどこですか」のような図書館施設の利用の仕方に関する問い合わせである。②は，「子どもに与えるよい絵本はないか」のような資料選択上のアドバイスを請う質問である。いずれも，図書館の所蔵資料にもとづいて回答するわけではないので，厳密にはこれらをレファレンスサービスには含めないとする考え方もあるが，利用者がなんらかの援助を求めていることにはちがいないので，こうしたものにこそ，丁寧に親切に応えるべきである。

　一般の図書館では，③と④が主な取り組みとなろう。③は，代表的なレファレンスツールですぐさま回答が出せるもの，質問を受けた瞬間に何にあたればよいか判断できるもの，図書館員であれば誰でもできて当然のものである。現場では，「クイックレファレンス（あるいは単にクイック）」といったりする。④は，通常のツールでは回答が出せず，いくつかのツールを組み合わせたり順を追ってたどりながら回答にたどり着いたり，または，書架上の一般図書の既述のなかに埋もれている情報を発見するような比較的手間がかかるものをいう。⑤は，そもそも参考となるデータがないため自らアンケート調査をおこなうなど，資料を 0 から産みだすような仕事となる。公共図書館では普通おこなわず，もっぱら専門図書館の領分である。また，調査会社やシン

クタンクでは，こうしたものを有料でおこなったりする。

c．インターネットの利用

　昨今，多くの人がインターネットで何でも調べられると思いこんでいるかのように思われる。たしかに，クイックレファレンスはインターネットでも簡単に調べがつく。米国では 1995 年以降，多くがインターネットに依存するようになり，それにつれて e-library 産業[8] が台頭し，相対的に図書館のレファレンス件数が減少したことに危機感を抱くようになった[9]。しかし，インターネットで調べられるものは，「どうぞ，ご自分でお調べください」ということでまったく構わない。図書館は，インターネットでは調べがつかないものに回答が出せるプロフェッショナルな場であることを利用者に認識してもらうことが重要である。逆に，図書館員は，インターネットを用いて回答できても，まったく専門家を任じることはできないと知るべきである。ましてや，Wikipedia を参照してすましているようでは図書館員の風上におけない。

　しかし，インターネットは，図書館員にとって強力なツールとなることも事実である。レファレンスサービスの立ち上がり時には威力を発揮する。参考質問のなかには，聞いたこともないような単語が出てくることがある。どんなにマニアックな世界の事柄でも，インターネットには何かしらの手がかりがある（しかし，それは一般の人でも探せるはずである）。図書館員は，それをあくまで“手がかり”とし，そこから確固たる根拠をもつ情報源にたどり着き質問者に提供する。

　また，スポーツの世界新記録や人口・輸出入統計などは，印刷体の資料ではどうしてもタイムラグが生じて正しい情報を提供できないことがある。こうした容易に変化する情報は，むしろインターネットからより信頼できるものを選び抜いて提供する。このとき，情報探索のプロである図書館員がその選別眼・識別眼を発揮する（第 1 章第 3 節および第 15 章第 2 節 b. を参照）。

第4節　レファレンス“力”

　参考質問を受けて，すぐさま「ありません」「わかりません」などと応えるのは，自分自身がプロの図書館員でないことを率直に告白するに等しい。同僚や先輩の応援を得たり，近隣の図書館や類縁機関や専門家にショウカイ（紹介／照会）するレフェラルサービス（第 2 章）へとつなげたりする努力をしなければプロではない。

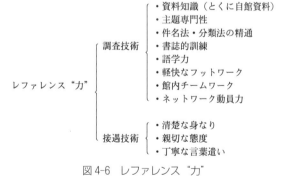

図 4-6　レファレンス“力”
出典：図書館情報大学・山本順一（現桃山学院大学）が整理の図を改変

　レファレンスサービスを成功裏に遂行する力を，最近はやりの「○○力」といういい方にならって，レファレンス“力”ということにしよう。このレファレンス“力”は図 4-6 のように定式化できる。このうち，調査技術は，後天的に努力によっていかようにも身につけられる。また，

これはひとえに図書館員のためだけの技術ではない。現代人にとって誰でも身につけることが望ましいものであるといえる。わが国の図書館学の大先輩はこれを「第二の知識」といった[10]。

　一方，接遇技術は，その人の性向・資質にかかわることで，一朝一夕に身につくものではないかもしれない。組織的なレファレンスサービスの創始者とされるサミュエル・グリーン（第3章で既述）は，次のように述べている。

　読者と交流する図書館の職員には，ある知的な資質が必要または望ましい。これらのうちで重要なのは腰の低さで，それ自身，快いマナーとなって表れる。共感，ほがらかさ，および忍耐も必要である。熱意は，ほかのどの分野とも同じようにここでもよい産物である。小売店主が彼の店から客が何も買わずに出て行くことを心地よく思わないのと同じように，図書館員は，質問者が質問に答えが出ないまま図書館を立ち去るのを不本意に思うべきである。[11]（筆者訳）

　グリーンは，当初からレファレンスライブラリアンのあるべき姿を描いていたことに驚かされる。私たち（図書館にかかわろうとする者）は，自らを接客業者と位置づける必要がある。このときに重要なのが接遇技術である。利用者の質問に100％答えて，ほかの接客業と同じく“顧客”に“満足”を与えるのがその仕事である。しかし，いくら回答が出せても，言葉がぞんざいであったり態度が悪かったりしたら，利用者の満足度は半減する。一方，もてる資料や調査技術を駆使しても回答にたどり着けない場合もあるかもしれない。そのとき，せめて“納得”だけは利用者の心に残したい。調査・探索プロセスを丁寧に説明し，利用者の付託に応えて懸命にがんばったことが相手に伝われば，その利用者はまた来館してくれる。この“納得”を担保するのが「清楚な身なり」「親切な態度」「丁寧な言葉遣い」であり，この3つが接遇技術を不動のものとする。

　上に引用したグリーンの言葉は，現代のビジネスマナーに通ずるものである。マナー（manners）とは，一般に，「行儀作法」のことで，言い換えるなら，「他人に不快感を与えない態度」のことである。「清楚な身なり」「親切な態度」「丁寧な言葉遣い」はマナーである。しかし，ビジネス界では，他人に不快感を与えない態度だけでは十分ではない，「この人と組んだら必ずビジネスは成功する」という安心感や期待感や確信のようなものを相手に与えることが肝心で，これをビジネスマナーといい，次のように定式化できるという[12]。

　ビジネスマナー　＝　マナー　＋　マインド

　筆者は，このマインドとは，身体の内から“オーラ”のようににじみ出てくる“気概”とか“迫力”のようなものだと理解している。

　レファレンス“力”に裏打ちされたレファレンスライブラリアンになるためには，調査技術はもちろんのこと，接遇技術をしっかり身につけること，すなわち，ビジネスマナーに通ずる図書館員としてのマインドをもつこと。この人に質問すれば必ずなんとかしてくれるだろうという信頼感と安心感を相手に与えられるように自ら修練することに尽きると思う。

設　問

(1) 保守理論／中間理論／自由理論（最小理論／中間理論／最大理論）について，理解したことを900字程度でまとめなさい。
(2) 上の理論を援用する際に，理想とするレファレンスサービスのあり方について，貴方が現に関わっている図書館，または，これから関わろうとしている図書館の館種に絞って900字程度で述べなさい（一般的な図書館ではなく個別的・具体的な図書館で論ずること。そのような図書館が念頭にない場合は，公共図書館について取り上げること）。

参考文献
1. 長澤雅男・石黒祐子『問題解決のためのレファレンスサービス』新版，日本図書館協会，2007年
2. 大串夏身『ある図書館相談係の日記―都立中央図書館相談係の記録―』（日外教養選書）日外アソシエーツ，1994年

注）
1) たとえば，前川は，「日本の図書館は教育し，与える図書館であり，イギリスの図書館は奉仕し使われる図書館であった。（略）図書館員が良書と考える本を与えるところではない。」といった発言をしている。前川恒雄『移動図書館ひまわり号』筑摩書房，1988年，p.24。
2) 文部省：地域電子図書館検討協力者会議『2005年の図書館像～地域電子図書館の実現に向けて』2000年12月。
3) わが国では，『市民の図書館』が高く評価されたが，批判がまったくなかったわけでもない。批判は1980年代後半から見られる（薬袋秀樹「『市民の図書館』における「貸出し」の論理―「貸出冊数偏重政策」への批判をめぐって」『図書館界』第40巻第6号，1989年3月，pp.264-279に詳しく整理されている）が，図書館の教育機能の観点から批判したものに，伊藤峻「『市民の図書館』はどこが間違っているか」（『みんなの図書館』No.284，2000年12月，pp.18-23）などがある。
4) 彼は「求められるのは，サービスであって，示唆ではない」と発言している。James I. Wyer, *Reference work: a textbook for students of library work and librarians*, Chicago, American Library Association, 1930, p.9.
5) Margaret Hutchins, *Introduction to reference work*, Chicago, American Library Association, 1944, p.177.
6) 長澤雅男「レファレンス機能とその領域」『レファレンス・サービスの創造と展開』（論集・図書館学研究の歩み 第10集）日外アソシエーツ，1990年，p.10。
7) reference work という語は，1891年に米国の *Library Journal* 誌に索引語として初めて登場した。reference work を reference service の中核部分ととらえる考え方（主に英国の *Librarian's Glossary*, 1883年版など）と，reference work から reference service, reference & information service へと発展したととらえる考え方がある。
8) 1995年以降，米国議会図書館の Alcove 9（https://www.loc.gov/rr/main/alcove 9/）をはじめ，ミシガン大学の学生が始めた IPL（Internet Public Libary―https://www.ipl.org/）のほか，The WWW Virtual Library（https://vlib.org/），Xrefer（現 CREDO reference―https://search.credoreference.com/），AskJeeves（現在，IAC/InterActiveCorp が運営―https://www.ask.com/）のような企業が雨後の竹の子のように生まれ（いずれも '24.1.23 現在参照可），同時に有能な図書館員が引き抜かれていったといわれる。
9) これに対する図書館側の対応として，24時間レファレンスサービスなどが打ち出され，企業が仲介斡旋した。たとえば，LSSI（Library Systems & Services, Inc.―https://www.lsslibraries.com/'24.1.23 現在参照可）など。これは英語圏ならではの発想で，米国とインドのように，どこかが夜でもどこかが昼であり，インターネットを通じたレファレンス質問を地球上のどこかの図書館員が回答する協定を結んだもので，まさにグローバルレファレンスネットワークである。
10) 藤川正信『第二の知識の本』新潮社，1963年。
11) Samuel Green, Personal relations between librarians and readers, *Library Journal*, 1876, p.79.
12) 1995年当時，東京商工会議所主催のある人材育成セミナーで，筆者が聴いた高島屋デパートの人事部長の講演。

5 レファレンスサービスの実際

　本章では，図書館の現場でレファレンスサービスをおこなううえでの注意点（回答内容の制限と除外），実際のレファレンスサービスのプロセスについて述べる。

第1節　レファレンスサービスと「発想ひまわり」

　図書館利用者が知りたい事項や特定テーマについて学習・調査・研究を進めるうえで，必要な資料や情報を探しだすために図書館員がその相談役となって調査し，利用者に指針を与える人的援助（aid to readers）がレファレンスサービス（reference service）である。この活動をより具体的に理解するために，ここでは最初に，「発想ひまわり」と呼ばれる考え方の重要性を強調しておきたい。

　「発想ひまわり」（図5-1）は，図書館情報資源を活用するうえで，非常にすぐれた思考ツールである[1]。すべての図書館員，すべてのレファレンスライブラリアンが心がけなければならない重要な視点を提示しているといえる。

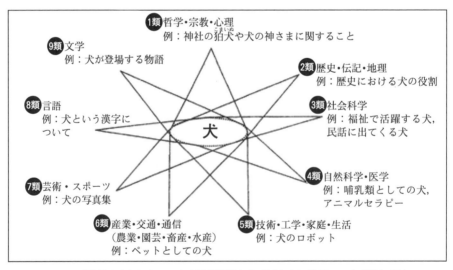

図5-1　「発想ひまわり」で日本十進分類法から「犬」というテーマを考えた場合

　たとえば，利用者の質問が「犬について知りたい」のだとすると，レファレンスライブラリアンは，1類の哲学・宗教・心理，2類の歴史・伝記・地理，3類の社会科学・軍事・風俗，4類の自然科学，5類の技術・工業・家庭・生活，6類の産業，7類の芸術・スポーツ，8類の言語，9類の文学という，それぞれ異なる局面から表現された「犬」を，どれだけ発想できるかが問われるわけである。例をあげてみると，警察犬は，「警察317.7」を探す。盲導犬・介助犬は「福祉」「訓

練士」の分野の犬なので「社会・労働・福祉 36」を探す。犬が出てくる昔ばなしを探そうと思えば、「風俗・習慣・民話 38」で民話に登場する犬を探す。犬の「品種」や動物としての特性、習性や行動、鼻と尾のはたらきなどが知りたければ、「動物学 48」になる。動物学 48 には、「飼えない犬」「保健所」「動物愛護」「ペットの法律」などもある。「獣医さん」「狂犬病」「予防注射」「獣医になるためには」などのテーマであれば、家畜・獣医学の対象としての犬を調べるので、「畜産 64」を探す。この分類には、犬の飼い方「しつけ」「ペットフード」などのテーマも含まれる。犬が出てくる物語を探すならば「文学 9」である。世界の犬の物語としては『フランダースの犬』が、日本の犬の物語としては『南極物語』や『忠犬ハチ公』などが見つかる（『クックとタマ次郎の情報大航海術』P.48 以下および『情報大航海術』P.50 を参照）。ほかにも、2 類（歴史）では『濃飛古代史の謎：水と犬と鉄』（岐阜県の歴史 215.3）、5 類（技術・工学）では『AIBO 誕生！』（科学玩具 507.9）などがある。

　「発想ひまわり」は連想ゲームに似ている。だが、この連想ゲームが成り立つためにはさまざまな前提知識が必要とされる。つまり、多くの図書館情報資源を直に知っているということに加え、タイトル、著者、件名、分類といった情報資源組織法にまつわる知識を前提としている。この前提がなければ、「発想ひまわり」を使っても効果は少ないだろう。目録の知識なくしては、利用者と図書館情報資源を効果的に結びつける役割は果たせない。その意味からも、情報資源の組織化に関する学習、記述目録法・主題目録法に関する知識は、レファレンスライブラリアンにとっても必須事項なのである。

第2節　レファレンスインタビュー

　図書館利用者から寄せられる質問（参考質問、reference question）は、必ずしも明確ではなく、曖昧な質問も非常に多い。利用者の最初の一言では、本当にその利用者が知りたい事柄（ニーズ）を表現できていないことが多い。そこで利用者とのやりとり（レファレンスインタビュー、reference interview）をおこない、利用者の本当のニーズを把握する必要がある（写真

写真 5-1　レファレンスインタビューの様子
（聖学院大学総合図書館）

5-1）。その際の心構えとして、「図書館員の仕事はサービス業である」と自覚することが大切である。サービスを提供するには、接遇・ホスピタリティ（英語＝hospitality／ラテン語＝hospitium、客人を厚遇すること、丁重なこと、接待、おもてなし・おもいやり・歓待）のスキル（技術）とマインド（精神）を発揮することが必要である。笑顔で利用者と向き合い、真摯に耳を傾け、利用者の本当のニーズを把握できたら、自らの知識を総動員して、適切な情報・情報資源を探り当てていくのである。

a．レファレンスインタビューで明らかにすべき諸点

レファレンスインタビューでは，(1)「何を知りたいか」だけ明らかにすればよさそうに思えるがそうではない（図5-2）。たとえば，百科事典の記述程度でよいのか，研究書1冊分ほどの情報量が欲しいのかによって，探索にかける時間や戦略までが変わってくる。そこで (2)「どの程度知りたいか」が重要となる。また，質問者は図書館に問い合わせる前にすでに自分で何かを調べているのが通常である。それが果たせなかったからこそ質問回答サービスを依頼したと受け止めるべきで，質問者と同じプロセスをたどるようでは信頼感を失うおそれすらある。質問者が進めなかったその先ができてこそプロフェッショナルの証明である。そのために (3)「すでに何を調べたか」を明らかにし，自分のスタート地点を明確にする必要がある（図5-3）。ただし，これをインタビュー手法で聞き

| (1)何を知りたいか |
| (2)どの程度知りたいか |
| (3)すでに何を調べたか |

図5-2　レファレンスインタビューで明確にすべき点

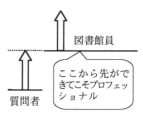

図5-3　レファレンスサービスのスタート地点

出すにはかなりテクニックがいる。「何を調べましたか」などと，下手に真っ向から聞きだそうとすると尋問調・詰問調となってしまい，質問者に不快感を抱かせてしまうこともある。ベテランのレファレンスライブラリアンは，「もう，だいぶお調べになったのでしょうね」と聞くという[2]。すると，「うん，これも調べて，あれにもあたったけど，わからなかった」などと，先方から話してくれる。ベテランならではのテクニックに学ぼう。

b．レファレンスライブラリアンに求められる諸点

つぎに，利用者がレファレンスライブラリアンに求める諸点を表5-1にあげる。

表5-1　利用者がレファレンスライブラリアンに求めること

| ① 利用者の目に印象がよい係員であること（impressive） |
| ② 利用者が抱いている質問に共感してくれること（empathy） |
| ③ 共感から生じた信頼性（reliability） |
| ④ 迅速な対応（responsiveness）と回答の確実性（certainty） |
| ⑤ 所蔵していない資料を他館に依頼してくれる交渉力（negotiation） |

出典：参考文献1を参考に筆者作成

これができてこそ，利用者は，しっかり"おもてなし"を受けたと満足できる。そのためにも，利用者の心をときほぐせるようなインタビューを心がけたい。それにはコーチングの技法が有用である。

c．コーチングの技法

「コーチング（coaching）」とは，相談者（クライアント）と被相談者（コーチ）とが，主に会話や行動を通じて，相談者本人が満足のいく方法で目的達成に向けて進むことを促進する状況を生み出す技術である。コーチ役の人は相談者とマンツーマンで対話をおこない，その対話を通じて，相談者の可能性や潜在能力を引き出すのである[3]。

　もし，ここでレファレンスライブラリアンがコーチ役であるならば，図書館利用者に，さまざまな質問をおこなうことで，利用者が，自分のかかえている課題を整理したり，一人では思いつかないような解決策やアイデアを発案したりすることができるように，思考作用への指針を与えられることが望ましい。しかし，利用者にさまざまな質問を投げかける際にも，質問の仕方にいくつかの技法がある（表5-2）。以下，それぞれについて説明する。

表5-2　レファレンスインタビューにおける図書館員からの質問の提示の仕方

①　クローズドクエスチョン（closed-question）
②　オープンクエスチョン（open-question）
③　ミラー（mirror technique）またはミラーリング（mirroring）
④　ペーシング（pacing）
⑤　バックトラッキング（back-tracking method）

① クローズドクエスチョン（closed-question）：相手が「はい」「いいえ」または提示された選択肢のなかから答える質問で，問題を整理するには役立つ方法である。しかし，「閉ざされた質問」という言葉が示唆するように，利用者側の回答の自由度を狭めてしまう面もある。

② オープンクエスチョン（open-question）：相手からの質問を真剣に聞きながら，図書館員からも「開かれた質問」を投げかけ，利用者に自由に答えてもらう方式である。<Who>「誰が」「誰と」，<When>「いつ」，<Where>「どこで」，<What>「何を」，<Why>「なぜ」，<How>「どのように」の5WIH の疑問詞を投げかけることによって，利用者がかかえている問題を整理して発展の方向へ向けて指針を定めていく。

③ ミラー（mirror technique）またはミラーリング（mirroring）：心理学・言語学的な技法の1つで，「鏡映法」ともいう。コーチの側が，相談者のしぐさとそっくりそのままの動きをし，そのままの言葉を繰り返して，いわば利用者の鏡になるのである（同調動作）。そうすることで，相談者は，自らの今現在の状況を客観的に知るための手がかりを直感的に得ることができ，心の余裕が出るとともに，コーチ（図書館員）に自分が受け入れてもらえているという安心感をもつ。

④ ペーシング（pacing）：利用者の話のペースに合わせながら質問をおこなうことである。思考の回転が非常に速く，できるだけ早く直接的な回答がほしいという利用者もいれば，ゆったりと，マイペースで，状況や気持ちを説明しながら，自分の要求を表現したいという利用者もいる。それぞれに見合った話のスピードを考慮することが重要である。

⑤ バックトラッキング（back-tracking method）：利用者の質問に対してどのような解決策があるか，質問をほぐしながら，その可能性のいくつかを提案する方法である。いわば，上記①〜④を総合したうえでの解決策の提示であり，レファレンスインタビューの最終段階である。まさにライブラリアンシップ，レファレンスライブラリアンの資質，キャリアが問われる部分である（本シリーズ第1巻『図書館の基礎と展望』p.74 以下を参照）。

　いずれの方法も，利用者に対して，図書館員の側が万全の体制を備えていることを示し，接し

やすい，相談しやすい雰囲気づくりが前提となる。利用者には，相談のための十分な時間を与えること，心の余裕を与えることが必要で，こうした配慮なくしては利用者との良好なコミュニケーションは成立しない。良好なコミュニケーションが成立するためには，上に述べたような手法を駆使したさまざまな工夫や配慮が必要であり，そうすることで，利用者がその質問を抱いた動機や，問題意識の発展，問題解決の方向が理解可能になる。

レファレンスサービスに限られないが，図書館サービス全般において，公共・大学図書館における「問題利用者（problem patrons）」について米国と日本の事例を検証した研究もなされている[4]。やはり，ここでも図書館利用者に共感（empathy）すること，共感から生じた信頼性（reliability）などが必須であることが理解できる。

また，「宮部みゆきさんの本に登場した『うそつくらっぱ』という児童書を読みたい」という利用者からの質問に対して，回答にみちびくことができなかった事例について，その担当だった図書館員は，問われた事柄が「この世の片隅でひっそりと存在しているような気がして落ち着かないのでありました」と述べている[5]。この警句をレファレンスライブラリアンは真摯に受けとめることが大切なのである。

第3節　レファレンスサービスの回答制限と回答除外

図書館員が常に自覚しておきたいことは，個人としてではなく，図書館として回答するということである。レファレンスライブラリアン（レファレンスサービス係員）の私的な教養や知識による回答であってはならない[6]。したがってレファレンスライブラリアンには，利用者支援に応えられる業務全般にわたる知識と，自館のバランスのある蔵書構成の維持に努める努力が要求される。とくに，レファレンスツールやデータベースの種類と特性については，古いものも新しいものも含め，常にその存在と利用法に気を配り，熟知することに努めなければならない。

最後に，サービスの内容上とくに留意する点，すなわち利用者への回答が制限されるか，あるいはまったく図書館の回答対象とならない（除外される）事柄について述べてみたい。

利用者への情報提供において，回答が制限される事柄には，次のようなものがある。①人生問題・身の上相談，②クイズの答え，③法律や税務に関する実務的な相談，④予測や価値判断を求める質問，⑤美術品や骨董品の鑑定などである。一般的に，これらの質問事項については回答を避けている。東京の町田市中央図書館では，上記5つの問題を「回答の制限」と「回答の除外」という2つの項目に区分して対応しているので紹介しておこう。

ａ．回答の制限（図書館が責任を負えないため，内容に注意して情報提供する場合）

図書館利用者から寄せられる質問事項が表5-3に該当するときには，図書館の立場として直接の回答を与えられないことを説明するとともに，資料の提供も慎重におこなう。

ｂ．回答の除外（図書館が最初から相談に応じる対象としていない場合）

表5-4に該当する依頼および質問事項に対しては直接回答には応じないで，質問に関連する

図書資料や関連情報を提供するなどの援助をおこなう。

　総じて，これらの回答のむずかしい質問については，「うちの図書館では答えられないことになっています」といった紋切り型の対応をするのではなく，回答そのものの提供（情報提供機能）はできなくとも，質問者が自ら解決できるような支援（教育機能）を提供したい。利用者にとってなんらかの利益を出力しない図書館は無用の長物である。肝心なのは健全なバランス感覚である。

表5-3　レファレンスサービスの回答制限に該当する事項（町田市立中央図書館）

① 病気の診断や治療について判断を必要とする問題
② 法律相談
③ 人生相談および身の上相談
④ 仮定または将来の予想に属する問題

表5-4　レファレンスサービスの回答除外に該当する事項（町田市立中央図書館）

① 図書の購入・売却の斡旋仲介
② 古書，古文書，美術品等の鑑定および市場価格調査
③ 学習課題の解答および論文の作成
④ 懸賞問題・クイズの解答
⑤ 計算問題の解答
⑥ 資料の解読，注釈・翻訳・抜粋の作成
⑦ 系図等の作成
⑧ 特定の個人または社会に直接悪影響を及ぼす問題

設　問

(1) 「発想ひまわり」を使って，1つのテーマをさまざまな角度から見て，それに該当する資料を調べなさい。
(2) 図書館のレファレンスコーナーに行って，レファレンスライブラリアンがどのような仕事をしているか観察しなさい（ほかに利用者がいなければ，「レファレンスサービスとはどのようなことをするのか」を自ら質問してみてもよい）。その結果を900字程度でまとめなさい。

参考文献
1. 佐藤義則・永田治樹「図書館サービスの品質測定について：SERVQUAL の問題を中心に」『日本図書館情報学会誌』vol.2, No.1, 2003 年，pp.1-15
2. ジョン・ウイットモア／清川幸美訳『はじめのコーチング』ソフトバンク，2003 年
3. 伊藤守『コーチング・マネジメント』ディスカヴァー・トゥエンティワン，2002 年

注）
1) 清教学園中・高等学校（探究科）教諭で，「図書館を使った"調べる"学習コンクール」審査員でもある片岡則夫による。図5-1 は NPO 図書館の学校機関誌『あうる』No.76 掲載のものから加工した。なお，次の資料では NDC の0類を追加したバージョンも提案されている。竹之内禎「発想ひまわりを用いた自由連想法」『情報の科学と技術』68 巻5号，2018，p.262。
2) 大串夏身『レファレンスサービス　実践とその分析』青弓社，1993 年，p.22。
3) 参考文献2および3を参照。
4) 千錫烈「図書館における問題利用者：コミュニケーション・スキルを用いた『怒り』への対処法」『情報の科学と技術』2010 年 60 巻 10 号，pp.420-427。
5) 鈴木裕美子「無いことを証明するのは難しい」浅野高史＋かながわレファレンス探検隊著『図書館のプロが教える〈調べるコツ〉』柏書房，2006 年，pp.197-203。
6) むろん，職務経験が豊富であり，自分の専門分野の主題（subject）について知識をもつことは図書館員にとって非常に大切なことである。ここでは，その文脈ではなく，「個人の知識のみに頼って回答することの危険性」について述べているのである。

6 情報検索サービスの理論と方法

　本章では，データベースを利用した情報検索サービスのための理論と方法について説明する。論理演算（AND検索，　OR検索，　NOT検索）の方法，検索式の組み立て方，トランケーション（任意記号）の使い方，そして，検索の評価指標である「精度」と「再現率」の考え方について理解していこう。

第1節　論理演算（ブール演算）

　データベースを利用した検索では，1つのキーワードだけで検索しても望む結果が得られないことが多い。その場合，複数の検索キーワードを組み合わせて検索をおこなうことになる。その際に使われるのが，「論理演算」という考え方である（論理演算の考え方を整理したイギリスの数学者ブール（George Boole, 1815-1864）にちなんで，「ブール演算」とも呼ばれる）。

　論理演算には，「論理積」を求める「AND検索」，「論理和」を求める「OR検索」，「論理差」を求める「NOT検索」の3つのパターンがある。以下，それぞれについて説明しよう。

a．論理積を求める AND 検索

　あるキーワードAと，別のキーワードBとを組み合わせて，どちらも含む内容のデータを検索したい場合，「AND検索」をおこなって，キーワードAとBの「論理積」を求める。

　検索式＝「A　AND　B」で得られる検索結果を「論理積」という（図6-1の塗りつぶし部分）。「AND」の代わりに「＊」「＆」などの記号を使う検索システムもあり，「A＊B」「A＆B」などとも表現する。また，「A　B」のように，キーワードを空白で区切るだけでAND検索になるシステムも少なくない。

　たとえば，国内の代表的な学術情報データベース「CiNii Research」（https://cir.nii.ac.jp/）で，「特定保健用食品」かつ「ダイエット」に関する論文のデータを検索したい場合，検索ボックス

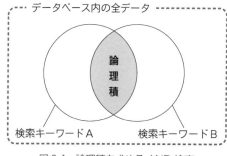

図6-1　論理積を求める AND 検索

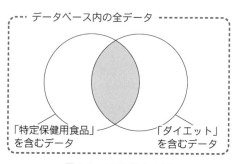

図6-2　AND 検索の例

（フリーワード入力欄）に「特定保健用食品　ダイエット」と入力する。CiNii Research では，キーワードを空白で区切ると AND 検索になるので，これによって，「特定保健用食品」と「ダイエット」の両方が登録情報に含まれている論文を検索することができる（図6-2）。「特定保健用食品」だけで検索した場合は 705 件，「ダイエット」だけで検索した場合は 3278 件，「特定保健用食品　ダイエット」で検索した場合は 2 件が検索される（2024 年 1 月 23 日現在）。

ｂ．論理和を求める OR 検索

　あるキーワード A と，別のキーワード B とを組み合わせて，どちらか 1 つ以上を含む内容のデータを検索したい場合，「OR 検索」をおこなって，キーワード A と B の「論理和」を求める。

　検索式＝「A　OR　B」で得られる検索結果を「論理和」という（図6-3 の塗りつぶし部分）。「OR」の代わりに「＋」の記号を使う検索システムもあり，「A＋B」とも表現する。

　たとえば，CiNii Research で「植樹」と「植林」に関する論文のデータを同時に検索したい場合，検索ボックスに「植樹 OR 植林」と入力する。これによって，キーワードに「植樹」を含む論文のデータと，「植林」を含む論文のデータの両方を一度に検索できる（図6-4）。「植樹」だけで検索した場合は 720 件，「植林」だけで検索した場合は 2416 件，「植樹　OR　植林」で検索した場合は 3116 件が検索される（2024 年 1 月 23 日現在）。

　「植樹」と「植林」とで別々に検索した場合と比べて，「植樹　OR　植林」で検索する場合のメリットは，別々に検索した際の検索結果をいちいち比較照合せずとも，求めるデータが一度に得られることである。

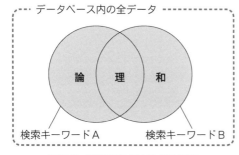

図6-3　論理和を求める OR 検索

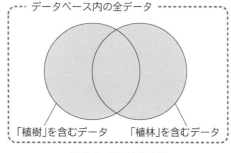

図6-4　OR 検索の例

ｃ．論理差を求める NOT 検索

　あるキーワード A のデータを集めたいが，そのなかで別のキーワード B に関するデータは除外したいという場合，「NOT 検索」をおこなって，キーワード A と B の「論理差」を求める。

　検索式＝「A　NOT　B」で得られる検索結果を「論理差」という（図6-5 の塗りつぶし部分）。「NOT」の代わりに「＃」「！」「－」などの記号を使う検索システムもあり，「A＃B」「A！B」「A－B」などとも表現する。

　たとえば，CiNii Research で「生命」に関係するが「保険」とは関係のない論文のデータを検索したい場合，検索ボックスに「生命　NOT　保険」と入力する。これによって，キーワード

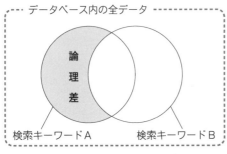

図6-5　論理差を求める NOT 検索

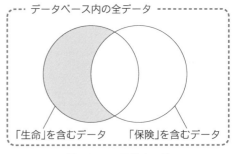

図6-6　NOT 検索の例

に「生命」を含む論文のデータから,「保険」を含む論文のデータを差し引いて検索できる(図6-6)。「生命」だけで検索した場合は 15 万 983 件,「保険」だけで検索した場合は 23 万 7778 件,「生命　NOT　保険」で検索した場合は 13 万 5488 件が検索される(2024 年 1 月 23 日現在)。

ｄ．論理演算子と検索式

　検索キーワードを結びつける「AND」「OR」「NOT」または「＊」「＋」「＃」などの記号を「論理演算子」と呼ぶ。「(A　OR　B)　AND　C　NOT　D」「(A＋B)　＊C＃D」など,検索キーワードを論理演算子でつないで表現した式を「検索式」と呼ぶ。

　たとえば,アルバイト求人情報を蓄積したデータベースがあるとして,「A 市または B 市で,時給 900 円以上で,夜間・早朝勤務のないアルバイト」を探したい場合,「検索式　＝(A 市＋B 市)　＊時給 900 円以上＃(夜間勤務＋早朝勤務)」となる。また,賃貸物件のデータベースがあるとして,「C 市または D 市で,家賃が 7 万円以下で,部屋数が 1DK または 2DK で,1 階以外の物件を探したい場合,「検索式　＝(C 市＋D 市)＊家賃 7 万円以下＊(1DK＋2DK)＃1 階」となる。

　あるいは,結婚相談所でお見合い相手の情報データベースを検索するとしたら,どうだろうか。「都会に住んでいて,年収がいくら以上で,貯金がいくら以上で,さらに学歴が……」と条件を重ねていく場合には,AND 検索を用いる。また,「タバコを吸う人は除外」というように特定の条件に関するデータを除外する場合には,NOT 検索を用いる。あまり条件を絞りすぎると,適当な相手がいなくなるおそれがある。その場合,「住んでいる場所は,A 地方でも,B 地方でも,C 地方でも OK」というふうに条件を広げていく必要がある。その際には,　OR 検索を用いる。

　このように,検索の条件を厳しくするには複数のキーワードで AND 検索,　NOT 検索をおこない,検索の条件を広げるには OR 検索をおこなう。実際には,これらを複合的に組み合わせて一度に検索することになる。

第2節　　トランケーション

　トランケーションとは,検索キーワードの一部を任意化することで,データベースでは「＊」または「？」の記号で表すことが多い[1]。データベースには,いわば個性があり,このトランケーションの機能を利用できるもの,できないものがある。また,トランケーションを使わなければ

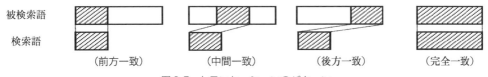

被検索語　検索語
（前方一致）　（中間一致）　（後方一致）　（完全一致）

図6-7　トランケーションのパターン

キーワードの一部分からは検索できないデータベースもあれば，内部でキーワードを自動変換してくれて，トランケーションを使わなくても済むデータベースもある。情報サービスのためにはさまざまなデータベースを使うので，どのデータベースにも対応できるよう，覚えておく必要がある。トランケーションには，次のようなパターンがある（図6-7）[2]。

a．前方一致検索

　キーワードの先頭が固定されていて，後ろ側が任意であるというかたちでの検索である。たとえば，「パターン認識」と「パターン識別」を同時に検索したい場合，「パターン＊」で検索すればよい。この場合，「パターンマッチング」なども同時に検索できる。しかし，「パターン素材」なども同時に検索されてしまうデメリットもある。

b．後方一致検索

　キーワードの末尾が固定されていて，前側が任意であるというかたちでの検索である。たとえば，「夏季オリンピック」と「冬季オリンピック」を同時に検索したい場合，「＊季オリンピック」で検索すればよい。「＊オリンピック」では，「古代オリンピック」なども含まれてしまうかもしれない。ただしこの場合は，NOT検索を利用して，「＊オリンピック　NOT　古代オリンピック」で検索する方法もある。

c．中間一致検索（部分一致検索）

　キーワードの中間部分が固定されていて，その前後が任意であるというかたちでの検索である。たとえば，「情報メディア研究の基礎」と「マスメディア研究入門」を同時に検索したい場合，「＊メディア研究＊」で検索すればよい。中間一致検索は，とくに関係のないものも検索されてしまう可能性が高いため，固定する中間部分を長くしたり，論理演算を活用して，前方一致検索や後方一致検索に変更したりするとよい場合がある。

d．完全一致検索

　キーワードが被検索語と完全に一致するもののみ検索するというパターンである。たとえば，山田孝という人の著作を検索したいとき，中間一致の設定のままにしておくと，山田孝士や大山田孝，小山田孝介といった人たちの著作も一緒に検索されてしまう。こういうときに完全一致検索が威力を発揮する。

第3節　精度と再現率

　検索結果を評価する指標として，「精度」と「再現率」という数値がある。図6-8の全体は，デー

タベース内の全データを表わしている。下側が，ある検索目的に対する適合データ，上側が，同じ検索目的に対する不適合データであるとしよう[3]。

検索をおこなった結果が中央の円（A＋B）である。Aの部分のデータは，うまく検索できたデータである（これを「ヒット」という）。Bの部分のデータは，不要であるのに検索されてしまった邪魔なデータである（これを「検索ノイズ」という）。一方，A＋Cの部分は，データベース内に存在するすべての適合データであり，今回の検索で「入手したかったデータすべて」である。これをすべて検索できれば成功だが，なかなかそうはいかない。Cの部分が「検索もれ」である。

ａ．精　度（適合率）

精度（precision）とは，「検索して出てきたデータのうち，入手したかったデータがどれだけあるか」ということを表わす値である（言い換えれば，精度が高いほうが検索ノイズが少ない）。引いたくじのうちの当たりくじの割合と考えればよい。数式にすると，次のようになる。

精度(%)＝検索された適合データ(A)÷検索された全データ(A＋B)×100

たとえば，検索して50件のデータが出てきたとき，そのうち欲しかったデータが10件であれば，精度は　10÷50×100＝20%　である。なお，精度は適合率ということもある。

ｂ．再現率

再現率（recall ratio）とは，「入手したかったデータが実際にどのくらい検索できたか」ということを表わす値である（再現率が高いほうが検索もれが少ない）。当たりくじ全部のうち，実際に引くことのできた当たりくじの割合と考えればよい。数式にすると，次のようになる。

再現率(%)＝検索された適合データ(A)÷データベース内の全適合データ(A＋C)×100

たとえば，データベース内に存在するすべての適合データが25件のとき，実際に検索できたデータが10件であれば，再現率は　10÷25×100＝40%　である。この場合，検索されなかったデータベース内の適合データ（検索もれ）は15件，割合にして60%であったことになる。

だが，ここで1つ疑問が生じるだろう。「データベース内に存在するすべての適合データ」あるいは「検索されなかったデータベース内の適合データ」が何件あるか，どうやって知ることができるのだろうか。じつは，実際の検索の場面では，この数値は知ることができない。もし知ることができるなら，そのデータを全部知っているということになるから，検索の必要性がなくなってしまう。つまり，実際にはデータベース内の適合データの全件数がわからないのだから，

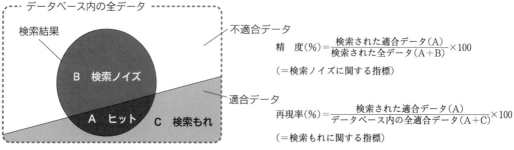

図6-8　精度と再現率

再現率は計算できないことになる。だが理論的な値として，再現率は，精度との相互関係で重要な意味をもっているのである。そのことを次に説明しよう。

c．精度と再現率の関係

　精度を上げる（検索ノイズを減らす）ためには，複数の条件を重ね合わせていく AND 検索，いらない条件を除外する NOT 検索を用いて，検索条件を狭めていけばよい。そうすると，検索で得られるデータの件数は減るが，検索ノイズに比べてヒットが多くなるため精度が上がる。ただし，条件を狭めた分だけヒットの絶対数が減って，再現率は下がってしまうことが多い。

　いっぽう，再現率を上げる（検索もれを減らす）ためには，複数の選択肢で条件を広げていく OR 検索で検索対象を広げていけばよい。そうすると，検索で得られるデータの件数が増えてヒットの件数も増えるため，再現率が上がる。ただし，検索ノイズも多くなって，精度が下がってしまうことがある。

　このように，精度と再現率は，一般に「負の相関関係をもつ」傾向があるといえる。再現率は，実際には精度とペアで意味を成す数値であり，「精度をなるべく落とさずに再現率を上げるには，このようなキーワードの組み合わせ方が効果的だ」ということを考えるために，情報検索の総合的な評価指標として重要なポイントなのである。

設　問

(1)　CiNii Research「論文」で 2 つ以上のキーワードをそれぞれ単独で検索した場合と，AND 検索した場合（スペースで並べる）と，OR 検索した場合（大文字で OR をはさむ）と，NOT 検索した場合（除外する言葉の前に半角のマイナスを付ける）の結果を比較しなさい。
(2)　CiNii Research「論文」でなんらかのキーワードの組み合わせで検索し，精度（＝適合文献の数／検索結果の数×100［％］）を計算しなさい。

参考文献
1.　原田智子編著『検索スキルをみがく：検索技術者検定 3 級公式テキスト』樹村房，2018 年
2.　中島玲子・安形輝・宮田洋輔『スキルアップ！情報検索：基本と実践』日外アソシエーツ，2017 年

注）
1)　トランケーションによってどのような任意化が可能か，どのように任意化されるかは，システムによって，また記号によって異なり，1 文字だけであったり，1 文字以上の任意の文字であったり，0 文字を含めた任意の文字であったりする。
2)　これらの 4 つのほか，中間任意検索（両端一致検索）というのもある。これはキーワードの両端が固定されていて，その中間部分が任意であるというかたちでの検索である。たとえば，「中国料理」と「中華料理」を同時に検索したい場合，「中＊料理」で検索すればよい。しかしその際，「中東料理」（西アジア周辺の料理）や「中越料理」（富山県の料理）なども同時に検索されてしまうデメリットもある。あるいは，アメリカ英語とイギリス英語のちがいが考慮されていないデータベースで，色彩デザインに関するキーワードとして「color design」と「colour design」がある場合，「col＊r design」とすれば，これらを同時検索することができる。
3)　適合・不適合の区別は，厳密には，データの利用者がそのデータを吟味したときにはじめて決定できる。

各種情報源の特質と利用法(1)　－情報メディア・文献を探す－

　本章では，図書，雑誌，CD，DVD などの一般的な情報メディア・文献を探す場合について説明する。「書誌」と「目録」，OPAC と NDL SEARCH，「横断検索」と「総合目録」，著作権が切れた作品が読める電子図書館など，それぞれの特質をふまえた利用ができるようになろう。

第 1 節 **レファレンスツールの種類**

a．レファレンスツールの形態

　レファレンスサービスをおこなう際の情報源となるレファレンスツール（reference tool）のなかで，図書などの冊子体の形態をしているものをとくに「レファレンスブック（reference book）」あるいは「参考図書」と呼ぶ。レファレンスコーナーを「参考図書コーナー」といった呼称で案内している公共図書館も多い。レファレンスツールには，ほかに，第 9 章第 2, 3 節で紹介するネットワーク情報資源がある。

　レファレンスツールは，その特徴（収録している年代や領域，検索できる事柄など）をよく見極めて（レファレンスブックの評価は第 10 章参照），適切なものを選択する必要がある。そのためにも，図書館員は，どのレファレンスツールでどのような事柄を調べることができるかを数多く知る必要がある。

b．案内型ツールと回答型ツール

　レファレンスツールには 2 つの種類がある（図 7-1）。

　1 つ目は，図書，雑誌，論文，記事，資料などの「文献の存在」自体やその「所在情報」を探す文献探索型のタイプであり，「案内型ツール」または「書誌的ツール」（bibliographic tool）と呼ばれるものである。

　代表的なものとして，①所蔵の有無に関係なく図書の書誌事項や資料の成立事情などの情報を記述した文献リストである「書誌（bibliography）」，②書誌事項とともに，その文献を，どこの図書館・情報センターが所有しているかという所在情報（所在指示機能）も含めたデータを集めた「目録（catalog）」がある（詳しくは，本章第 2, 3 節）。

　2 つ目は，第 9 章で扱う「回答型ツール」である。つまり，求める情報そのもの，「事項・事実」のデータを探すための事項調査型のタイプである。これらは「回答型ツール」または「百科事典型ツール」（encyclopedic tool）と呼ばれる。「百科事典」はその代表であるが，それ以外にもさまざまな種類が存在する。

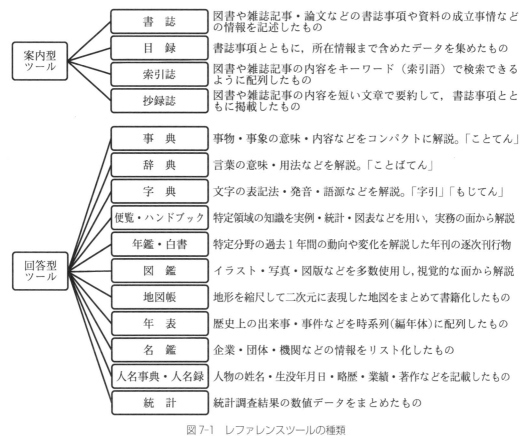

案内型ツール	書　誌	図書や雑誌記事・論文などの書誌事項や資料の成立事情などの情報を記述したもの
	目　録	書誌事項とともに，所在情報まで含めたデータを集めたもの
	索引誌	図書や雑誌記事の内容をキーワード（索引語）で検索できるように配列したもの
	抄録誌	図書や雑誌記事の内容を短い文章で要約して，書誌事項とともに掲載したもの
回答型ツール	事　典	事物・事象の意味・内容などをコンパクトに解説。「ことてん」
	辞　典	言葉の意味・用法などを解説。「ことばてん」
	字　典	文字の表記法・発音・語源などを解説。「字引」「もじてん」
	便覧・ハンドブック	特定領域の知識を実例・統計・図表などを用い，実務の面から解説
	年鑑・白書	特定分野の過去1年間の動向や変化を解説した年刊の逐次刊行物
	図　鑑	イラスト・写真・図版などを多数使用し，視覚的な面から解説
	地図帳	地形を縮尺して二次元に表現した地図をまとめて書籍化したもの
	年　表	歴史上の出来事・事件などを時系列(編年体)に配列したもの
	名　鑑	企業・団体・機関などの情報をリスト化したもの
	人名事典・人名録	人物の姓名・生没年月日・略歴・業績・著作などを記載したもの
	統　計	統計調査結果の数値データをまとめたもの

図7-1　レファレンスツールの種類

第2節　書　誌

a．書誌

「書誌」（bibliography）とは，文献リストのことである。書誌には，図書や論文・記事などの文献の情報が記載されている。図書の書誌であれば，タイトル，著者，出版者，出版年，ISBNなどが書かれている。短い内容紹介が書かれている場合もある。論文や記事などの書誌であれば，文献タイトル，著者，掲載誌名，掲載ページ，刊行年などが書かれている。このように，文献を特定するための基本情報を「書誌情報」と呼ぶ。書誌は，世界のどこかにある文献の書誌情報をリストとして示すものであるが，その文献が実際にどこにあるかは示さない（この点が，次節で説明する目録とは異なる）。

書誌は，それがどのような文献リストであるかによって，いくつかの種類に分けられる。

①選択書誌：一定の水準を越えた文献を選択した，良書リスト（ただし，良書の観点は人それぞれ）のような性格の文献リストで，たとえば，「全国学校図書館協議会選定図書」などがある。

②主題書誌：ある特定の主題（テーマ）のもとに集められた文献リストであり，たとえば，『戦後インドネシア書誌』『言語学・英語学関係書誌』『津軽方言書誌』などがある。

③人物書誌：特定の人物に関する文献リストで，その人物自身が制作した文献と，その人物について他者が論じた文献（たとえば伝記や作品論など）のリストである。たとえば，『中島敦書誌』『三浦綾子書誌』『黒岩涙香の研究と書誌：黒岩涙香著訳書総覧』『17・18 世紀のアイルランド人著作家の書誌』などがある。

④翻訳書誌：ある分野の翻訳書を対象とした書誌で，たとえば『日本におけるグリム童話翻訳書誌』などがある。

⑤解題書誌：文献の内容に関する紹介が添えられた文献リストである。これは主題書誌や人物書誌のような収録文献の特徴による分類とはまた別の，文献リスト自体の特徴による分類である。

⑥全国書誌（national bibliography）：一国内の出版物の包括的なリストであり，その編集は，その国の国立図書館の役割の 1 つとなっていることが多い。日本では，国立国会図書館が「全国書誌データ」を作成しており，国立国会図書館のデータベースに随時反映されている。

⑦究極的な書誌としては，全世界の出版物のリストとしての世界書誌を考えることもできる。しかし，これは概念として考えられるということであり，完成された実用的なものはない。

⑧さらに，書誌をリスト化したものとして，書誌の書誌（bibliography of bibliographies）がある。たとえば，『SF 書誌の書誌』『アイヌ文化関係書誌の書誌』などである。

　なお，タイトルに「目録」と書かれている資料であっても，資料の種類としては書誌であるというものも多数存在する。たとえば，『アジア・アフリカ関係図書目録』は，タイトルに目録という名称が付いているが文献の所在情報は含んでいないので，資料の種類としては書誌にあたる。

ｂ．国立国会図書館サーチ（NDL SEARCH）

　前掲の⑥で述べたように，「全国書誌データ」とは，日本国内の出版物の包括的なリストである。ところで，日本国内で発行されたすべての出版物は，国立国会図書館法（昭和 23 年 2 月 9 日法律第 5 号）によって，国立国会図書館（NDL, National Diet Library）に納入することが義務づけられている（納本制度）。したがって，「全国書誌データ」は，国立国会図書館の蔵書目録と基本的に同じであり，国立国会図書館サーチ（NDL SEARCH, https://ndlsearch.ndl.go.jp/#ndls）は，「全国書誌データ」の検索ツールとしても利用することができる（巻末資料 2）。著者名の正確な読みを調べたり，ISBN を調べたり，というように，ある資料の書誌情報を詳細に知りたい場合に活用できる。また，あるキーワードに該当するこれまでの日本の出版物を網羅的に知りたい際などにも活用できることを覚えておこう[1)]。

第 3 節　　目　録

ａ．目　録

　目録（catalog）とは，「所在情報を含んだ文献リスト（書誌情報＋所在情報）」のことであり，情報メディアのカタログのことである。一般的にも，たとえば商品カタログといえば，そこで実際に販売されている商品の一覧のことであるが（生産終了などで商品がなくなると「カタログ落ち」

などといってカタログには記載されなくなる），同様に，ある図書館の目録は，その図書館に実際に所蔵されている資料の一覧のことである。

b．OPAC

OPAC（Online Public Access Catalog）とは，各図書館の利用者向けのオンライン閲覧目録のことである。発音は「オパック」でも「オーパック」でもよい。OPACには，通常，図書館内のコンピュータや自分のパソコンからアクセスすることができる。

OPACを使えば，その図書館が所蔵している資料を見つけることができる。最近は館内だけでなく，インターネット上にOPACを公開している図書館も多い。とはいえ，OPACという言葉自体は，図書館に慣れていない利用者にはわかりにくい。そのため，館内では「検索コーナー」，Webサイトでは「資料検索」などと表記されることが多い。

OPACでは，資料のタイトル，著者・編者，出版者，出版年，分類記号といった書誌情報や，請求記号などの所在情報などから，資料を検索することができる。

注意すべきは，OPACの検索対象は，その図書館が所蔵している資料だけ[2]であって，世の中のあらゆる資料を検索できるわけではないという点である。つまり，OPACで見つからないからといって，世の中にそのような資料がないことにはならない。この点は，利用案内においても配慮する必要がある。

たとえば，日本最大のOPACは，前述の国立国会図書館サーチ（NDL SEARCH）である。国立国会図書館には，納本制度により，建前上，国内で発行されたすべての出版物が納入されているはずであるが，実際は，地方限定の出版物などは収集できていないものもある。また，日本国内の出版物に限られているので，その点からも，あらゆる資料の検索ができるわけではない。

また，各図書館のOPACは，個々に設計が異なるため，それぞれにクセのようなものがある。そのため，実際にOPACを利用するには工夫が必要な場合があることも覚えておこう。たとえば，共著者が3人以上の資料の場合には，後のほうの著者は書誌データの上で省略されてしまっていて，著者名で検索してもヒットしないことがある。そのような場合は，書誌事項をまずNDL SEARCHなどで調べ，一人目の著者（ファーストオーサー）で検索しなおすといった工夫が必要である（OPAC画面の例は巻末資料3を参照）。

c．横断検索

横断検索とは，複数のOPACを同時に検索できるシステムである。たとえば，都道府県立図書館が提供する横断検索機能を使用すれば，各都道府県内にある複数の市区町村立図書館のOPACを同時に検索することができる。また，日本全国の公共図書館（都道府県立，市区町村立の図書館）のOPACを同時に検索できるシステムとして，カーリル（https://calil.jp/）がある。

これらのシステムを活用すると，自館で見つからない資料も別の図書館にあることがわかるかもしれない。横断検索は，そのような場合に利用すると便利なシステムである。

d．総合目録と書誌ユーティリティ（CiNii BooksとNII）

総合目録（union catalog）とは，2機関以上のデータを集めた目録であり，書誌情報と2機関

以上の所在情報をもつ目録である。複数の目録の単なる寄せ集めではなく，1つの目録として編成されたものであるから，横断検索よりも効率のよい検索が可能である。総合目録を利用すれば，どの参加図書館に目的の資料が所蔵されているかを容易に知ることができる。

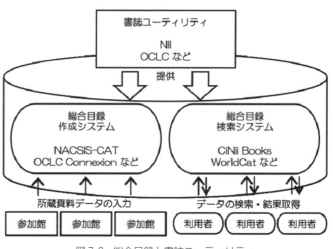

図7-2 総合目録と書誌ユーティリティ

総合目録を維持・管理する組織を，一般に「書誌ユーティリティ」（bibliographic utility）と呼んでいる（ユーティリティとは電気や水道のような公益事業またはその施設をさす言葉である）。書誌ユーティリティは，総合目録を作成するためのシステムをオンラインで参加機関に提供する。書誌ユーティリティ自体は図書館ではないが，図書館間の相互協力の推進なども業務の1つとしておこなっている場合が多い。

日本最大の総合目録は，全国の学術図書館が参加する CiNii Books（https://ci.nii.ac.jp/books/）[3]である。その書誌ユーティリティは NII（National Institute of Informatics，国立情報学研究所）で，NACSIS-CAT という総合目録作成システムを，オンラインで参加機関に提供している。世界最大の総合目録は，世界各国の大学図書館や公的機関が参加する WorldCat（https://search.worldcat.org/ja）である。その書誌ユーティリティは OCLC（Online Computer Library Center）で，OCLC Connexion という総合目録作成システムを提供している（図7-2）。

横断検索や総合目録は，複数の図書館間での資料の相互貸出を効率化する役割を担っていることが多い。図書館間での資料の相互貸出は ILL（Inter-Library Loan，図書館間相互貸借）とよばれ，図書館間の重要な相互協力の1つとなっている。ILL に参加している図書館であれば，目的の資料がその図書館になくても，利用者は ILL での資料の取り寄せを依頼することができる。

第4節　著作権フリーの電子図書館

a．青空文庫

青空文庫（写真7-1）は，著作権の消滅した作品[4]や，著作権者が公開を許可した作品をインターネット上で無償提供している電子図書館である。夏目漱石や森鴎外をはじめとする日本の文豪たちの作品を中心に，1万7000作品以上が提供されている。

一般に，書籍の電子化の方法は，本を画像としてスキャンする方法と，テキストデータとして書き起こす方法がある。青空文庫では，テキストデータの豊富な利用可能性[5]という点から，後

者の方法が採用されている。しかし，作品のテキストデータ化は，入力と校正という膨大な手間がかかる。青空文庫では，これらの作業はボランティアによって支えられている。

　青空文庫に収録されている作品は，トップページに設置されているサイト内検索用のGoogle 検索ボックスを利用して検索できる。また，作家別，作品別の総合インデックスや，日本十進分類法にもとづいて内容別に分類された分野別リストを利用することもできる。

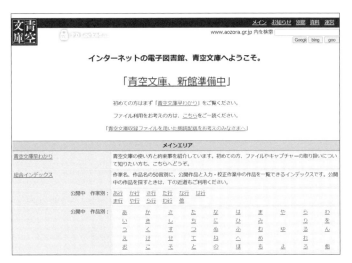

写真 7-1　青空文庫のトップ画面
https://www.aozora.gr.jp/（'24.1.23 現在参照可）

b．Project Gutenberg

　Project Gutenberg（プロジェクト・グーテンベルク，写真 7-2）は，青空文庫と同様，著作権の消滅した作品をインターネット上で無償提供している電子図書館である。電子図書館としては最古のものとして知られてお

写真 7-2　Project Gutenberg のトップ画面
https://www.gutenberg.org/（'24.1.23 現在参照可）

り，その始まりは，インターネットが一般に広がる以前の 1971 年にまで遡る。英語圏の作品を中心として，2024 年現在で 7 万作品以上が提供されており，わずかながら日本語の作品もある。

　Project Gutenberg という名称は，活版印刷の父として知られるグーテンベルクにちなんで，創始者のマイケル・S・ハート（Michael S. Hart, 1947-2011）が名づけたものである。グーテンベルクによって開発された活版印刷術が書籍を一般に広めることに貢献したように，Project Gutenberg は「電子書籍の作成と配布を促進すること」[6]をその使命としている。

第5節	情報メディア・文献の検索から入手まで

　本章で解説した情報源を使って，図書，雑誌，CD，DVD などの各種情報メディアや文献を探し出し，入手するまでの手順をまとめると，図 7-3 のようになる。

　原則として，まず求めるメディア・文献の書誌情報が必要である。正確な書誌情報を得るには，国立国会図書館サーチ（NDL SEARCH）を利用するとよい。書誌情報がわかれば，利用図書館のOPAC で所蔵を確認することができる。ただし，古典作品であれば，その前に青空文庫やProject Gutenberg などの電子図書館を確認するのもよいだろう。利用したい図書館に所蔵がなければ，CiNii Books などの総合目録や，横断検索で所蔵館を探し，相互貸借（ILL）を依頼することができる。

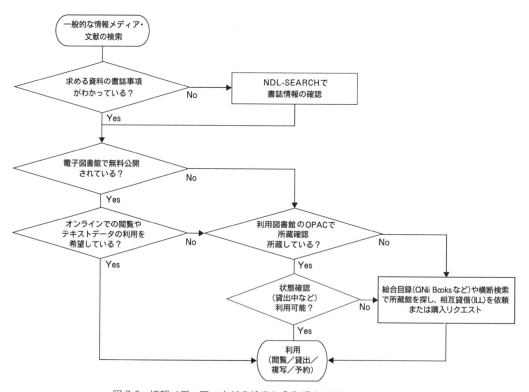

図 7-3　情報メディア・文献の検索から入手までのフローチャート

設　問

⑴　CiNii Books と NACSIS-CAT の関係を，900 字以内で説明しなさい。
⑵　国立国会図書館サーチ（NDL SEARCH）で書誌情報を検索し，調べた書誌情報を使って，普段利用している図書館の OPAC と CiNii Books を検索して，所蔵状況を調べなさい。

参考文献

1. 細野公男・長塚隆『デジタル環境と図書館の未来：これからの図書館に求められるもの』（図書館サポートフォーラムシリーズ）日外アソシエーツ，2016 年
2. 井上真琴『図書館に訊け！』筑摩書房，2004 年

注）

1) 「全国書誌データ」の検索窓口として「国立国会図書館オンライン」が提供されていたが，2024 年 1 月に「国立国会図書館サーチ（NDL SEARCH）」に統合された。

2) ただし，最近は OPAC のデータだけでなく，記事索引やほかのデータベースのデータも併せて検索できるサービスもある。このようなサービスをディスカバリーサービスという。

3) CiNii Books は 2025 年度後半に CiNii Research に統合される予定である。なお，CiNii Books のデータは，すでに CiNii Research の検索範囲を「本」に絞ることで検索可能となっている。

4) 著作権の保護期間は国によって異なり，これまで日本では著作者の死後 50 年まで，欧米諸国の多くは 70 年までとなっていたが，2018 年 12 月 30 日に発効した「環太平洋パートナーシップに関する包括的及び先進的な協定（TPP11 協定）」によって，日本でも著作者の死後 70 年までに延長された。それ以前に保護期間がすでに切れていたものには影響しない。

5) テキストデータであれば，読み上げソフトの使用や，背景と文字色のコントラスト調整などが個別に可能である。これは，たとえば視覚障がい者の利用に寄与する。

6) Project Gutenberg Mission Statement, 最終更新日 2011 年 11 月 21 日。https://www.gutenberg.org/about/background/mission_statement.html（'24.1.23 現在参照可）。

8 各種情報源の特質と利用法(2) －論文・記事を探す－

　雑誌や新聞の一部分を構成する「論文」や「記事」は，1つひとつの内容的な独立性が高い。そこで，論文や記事を単位として検索できるようにした「記事索引」という情報源がある。本章では「記事索引」を中心に，論文・記事を探すための情報源の特質と利用法について解説する。

第1節　専門的な論文，学術・文化に関する記事

a．学術雑誌の役割

　学術雑誌（scientific journal）は，研究者が最新の知見を共有するための中心的なコミュニケーションツールであり，研究分野ごとに細分化されている。専門家による論文・記事の投稿によって，研究成果が学術雑誌に掲載・公開されることにより，その分野の知見が積み重ねられていき，それを参照した別の研究者によって，さらに新たな研究がおこなわれていくのである。

　学術雑誌の役割の1つは，研究成果の迅速な公開にある。とくに自然科学系の分野では，激しい研究競争がおこなわれており，学術雑誌を通じた研究成果の迅速な公開は，先取権確保という点でも重要である。近年では学術雑誌の電子ジャーナル化が進んでいる。印刷版よりも迅速に研究成果が公開されること，その論文に読者がWeb上からアクセスできることが特徴である。

　また，学術雑誌に掲載される論文は，その分野の専門家たちによる審査をパスしたものに限られている場合が多い。この審査のことを「査読」（peer review）という。査読により研究成果の内容を保証することも，学術雑誌の役割の1つとなっている。

b．オープンアクセス

　このように，学術雑誌は，学問の発展のために重要な役割を担っているが，同時に，少数の有力商業出版社による市場支配（寡占）や，それに起因する価格高騰などの問題をかかえてきた。オープンアクセス（open access）とは，このような状況を変革しようとする流れのなかで生まれた新しい出版形態で，学術論文をPDFなどの形式で電子化してインターネット上で無料公開し，誰でも自由に利用できる状態にすることをいう。オープンアクセスの意義は，単に無料で論文が読めるということだけではない。本質的には，学術コミュニケーションの主導権を，少数の商業出版社から研究者自身の手に取り戻そうとする，より大きな意図を背景としており，とくに研究者を支援する立場の大学図書館とは深い関係にある[1]。

　オープンアクセスの文献は，単純にタイトルをサーチエンジンで検索することで見つけられる場合もあるが，より効率的な検索方法は，電子ジャーナルやオープンアクセスのジャーナルを集めたサイトを検索することである（大学図書館の多くはそうしたサイトを作成している）。オープンアクセスのジャーナルには，別途，印刷版が刊行されるものとされないものがある。つまり，

Web 上にしか存在しない論文・記事もあるため，オープンアクセスの文献は基本的に Web を検索する必要があるということを覚えておこう。

c．J-STAGE

　日本国内の主要な学会が発行する電子ジャーナルに掲載されている記事・論文は，J-STAGE（https://www.jstage.jst.go.jp/browse/-char/ja）というデータベースから検索することができる。J-STAGE は，国立研究開発法人日本科学技術振興機構（JST：Japan Science and Technology Agency）が提供する電子ジャーナル発行支援システムである。

　J-STAGE には 562 万 7219 件の記事（論文）と 3932 件の資料が搭載されており，そのうち 540 万 988 件の記事（論文）と 3440 件の資料がオープンアクセスとなっている（'24.1.23 現在）。これらは，検索ボックスからキーワードで検索することもできるし，「資料タイトル」「分野」「発行機関」のアルファベット順からも検索できる。

d．CiNii Research「論文」

　第 6 章の論理演算でも紹介した CiNii Research（https://cir.nii.ac.jp/）は，研究データ，論文，本，博士論文，プロジェクト等の情報を統合的に検索できるデータベースである。CiNii Research の検索範囲を「論文」に絞ることで，論文データのみを網羅的に検索することができる。本書では，この検索方法を CiNii Research「論文」と表記する[2]。

　前述の J-STAGE に加え，大学等の研究機関が研究成果を公表する機関リポジトリ[3]，医中誌 Web，日本農学文献索引，日本建築学会ジャーナルなどの広範な学術論文・記事情報データベースを一括で検索することが可能である[4]。

　CiNii Research「論文」では，論文・記事の書誌情報だけでなく，電子ジャーナルや無料のオープンアクセスジャーナルの場合には，Web 上で本文を閲覧することができる。

　また，CiNii Research「論文」ではフリーワードによる簡易検索ができ，論文名，著者名，抄録など，登録されている論文・記事の書誌データのどこかに一致するワードがあればヒットする。もちろん論文名や著者名などに限定した詳細検索も可能である。

e．Google Scholar

　Google Scholar（https://scholar.google.co.jp/）[5] は，Google 社が無料で提供する Web 上の学術資料の検索ツールである。これは厳密にはデータベースではないが，日本語文献を含めて，Web 上に存在する世界中の膨大な学術資料を簡単に検索することができ，学術雑誌の記事索引としても有用である。

　Google Scholar では，通常の Google 検索と同様の検索エンジン（検索のためのモジュールの意）が使用されており，論文名，雑誌名，著者名，本文の一部などから柔軟に検索することができる。通常の Google 検索とのちがいは，検索結果が論文単位で示される（同じ論文が Web 上の複数のサイトに存在する場合にそれらをまとめて表示してくれる）点，ヒットした論文を引用している論文へのリンクが示される点，本文が PDF などで Web 上に存在すれば，そこへのリンクが示されるといった点にある。

第2節 **一般的な社会・芸能に関する記事**

　一般的な週刊誌などに掲載される社会・芸能に関する記事は，雑誌記事索引にはほとんど採録されておらず[6]，もちろん CiNii Research や Google Scholar の検索対象にも含まれていない。社会・芸能に関する記事は，学術的な記事とは別の情報源にあたる必要がある。

ａ．ニュースサイト

　最近のニュースであれば Web 上に多数存在するニュースサイトで検索，閲覧することが可能である。ニュースサイトは，新聞社や通信社，テレビ局などが，新聞記事やテレビニュースとして別媒体で提供しているニュースを Web 上にも掲載するというかたちで運営されているものが多い。

　ニュースサイトのメリットは，最新のニュースを迅速に知ることができるという点にある。多くのニュースサイトには検索ボックスがあり，キーワードから記事を検索できるようにもなっている。しかし，記事の一部だけが無料公開で，詳細は有料とされているサイトや，掲載から一定期間経過すると記事が削除されたり，無料で参照できなくなったりするサイトが多く，安定的な情報源としての役割は期待できない。

ｂ．新聞記事データベース

　新聞の記事索引としては，新聞各社が構築している新聞記事データベースがある。たとえば，朝日新聞は「朝日新聞クロスサーチ」（https://xsearch.asahi.com/，'24.1.23 現在参照可），読売新聞は「ヨミダス歴史館」（https://database.yomiuri.co.jp/rekishikan/，同前），毎日新聞は「毎索」（https://mainichi.jp/contents/edu/maisaku，同前）といった具合で，全国紙だけでなく地方紙や専門紙も記事データベースを構築しているものがある。また，そうした各紙データベースの横断検索を提供している Web サイトもいくつか存在する。外国紙では，世界各国の主要紙を検索できる ProQuest Control（https://search.proquest.com，同前）が有名である。しかし，こうした新聞記事データベースの利用は，いずれも基本的に有料である。新聞記事データベースでは，記事の本文だけでなく，紙面イメージなどを閲覧できる場合もある。

　なお，これらのデータベースで対応できない場合，レフェラル（他機関紹介）サービスとして，日本新聞協会が運営する「日本新聞博物館」[7]（横浜市中区）を紹介することも考えられる。

ｃ．日経テレコン

　日経テレコン（https://t21.nikkei.co.jp）は，日本経済新聞社が提供する日本最大級の会員制ビジネスデータベースサービスである。過去 40 年分の新聞・雑誌記事から国内外の企業データベース，人物プロフィールなど，幅広いビジネス情報を収録する。昨今，都市部の図書館ではビジネス支援に力を入れている館が多いが，「業務の知的生産性を向上し，ビジネスの複雑な課題を解決するナレッジベース」[8]として，このデータベースは必須ともいうべき位置づけをもつ。

　日経テレコンの「記事検索」メニューでは，新聞や雑誌などさまざまな媒体の記事を検索可能で，契約によって違いはあるが，ビジネス支援に限らず，一般のレファレンスサービスでも威力

を発揮する（表8-1）。新聞記事は，冊子体の縮刷版でももちろん利用できるが，それぞれの新聞ごとに該当する年度のその月の冊子を取り出さなければならない。日経テレコンは，一回の手間で各紙を横断的に検索できるだけでなく，記事をピンポイントに探し出せるのはもちろん，業界，地域，記事種別などを組み合わせて情報収集ができるなど，電子媒体ならではの強力な機能をもつ。

表8-1　日経テレコンの「記事検索」の範囲

新聞記事	海外情報	雑誌記事	ニュース	信用情報	調査・統計・マーケティング	書籍・年鑑・辞書

　検索した記事の本文は，ブラウザで閲覧可能な形で表示され，テキスト形式の利用や印刷もできる。課金方法はもっぱら従量制（受け取ったデータ量に応じて課金される）で，たとえば，契約1IDで月額8000円の基本料金に加えて，全国紙の場合，見出しの表示ごとに1件あたり5円，本文表示で100〜200円の情報利用料金がかかる（2024年1月現在）。新聞記事は，配置や見出しの大きさなども重要な意味をもつことがある。一部の新聞や雑誌の記事に限られるがpdf形式により，そのイメージをつかむこともできる。料金は割高で，個人ではなかなか賄いきれないが，自治体図書館向けの利用プラン，料金プランも用意されている。

d．大宅壮一文庫雑誌記事索引

　一般的な週刊誌やファッション雑誌などの記事索引としては，「大宅壮一文庫雑誌記事索引」が有用である。大宅壮一文庫（東京都世田谷区に本館，埼玉県入間郡に分館，https://www.oya-bunko.or.jp/，'24.1.23現在参照可）は，私立の雑誌専門図書館であり，ジャーナリスト・評論家の大宅壮一（1900-1970）が生前に収集した一般雑誌を主とする資料を継承，整理し，広く公開するために設立された財団法人である。大宅壮一文庫雑誌記事索引は，大宅壮一文庫が所蔵，収集している週刊誌，総合誌，女性誌，ファッション誌などから作成されている記事索引である。かつては冊子体として刊行されていたが，のちにCD-ROM化され，現在は，1888年以降のデータであればWeb版のWeb OYA-bunko（https://www.oya-bunko.com/，同前）を利用できる。ただし，教育機関と公立図書館用であり，事前に有料の年間契約が必要である。

　大宅壮一文庫雑誌記事索引の最大の特徴は，ほかの機関があまりおこなっていない一般誌の記事を検索対象としている点にある。さらに，人物別，事項・事件別にも分類されており，それぞれ人名，件名として索引づけられている点も特徴的である。大宅壮一文庫雑誌記事索引から直接に記事本文を確認することはできないが，ヒットした記事の件数に注目するという利用方法もある。たとえば，2000〜2007（平成12〜19）年までの各年を範囲として「北朝鮮　AND　拉致」で検索した結果を図8-1に示す。「雑誌は時代を写す鏡」ともいわれるが，日朝首脳会談がおこなわれた2002（平成14）年と2004（平成16）年は，雑誌記事の数も突出していることがわかる。

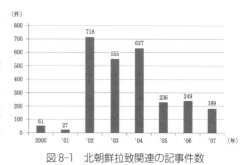

図8-1　北朝鮮拉致関連の記事件数

第3節	論文・記事の検索から入手まで

本章で解説した情報源を使って，学術論文，新聞記事，一般雑誌の記事などを探し出し，入手するまでの手順をフローチャートにすると図8-2のようになる[9]。

学術論文を代表とする学術・文化に関する記事の場合，まずは CiNii Research「論文」や Google Scholar などで記事情報を検索する。その記事がオープンアクセス文献であれば，本文をすぐに閲覧できる。そうでない場合は，記事情報のなかの掲載誌名や巻号を確認して，利用図書館の OPAC や CiNii Books などで掲載誌の所蔵確認をおこなう必要がある。オープンアクセス文献でなくとも，電子ジャーナルとして利用できる場合もあるので，所属組織で利用できるデータベースや（学術）機関リポジトリなどを確認するのもよいだろう。

新聞記事や一般雑誌の記事の場合，基本的に有料であるが（所属組織が契約している場合もある），各社の新聞記事データベースや大宅壮一文庫雑誌記事索引などで，まずは記事情報を検索する。新聞記事データベースであれば，記事本文をその場で閲覧できる場合が多い。大宅壮一文庫雑誌記事索引では，記事本文は閲覧できないので，利用図書館の OPAC や CiNii Books などで掲載誌の所蔵確認をおこない，利用するという流れになる（図8-2）。

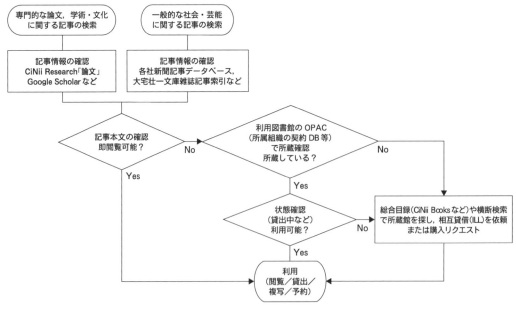

図8-2　論文・記事の検索から入手までのフローチャート

設　問

(1)　CiNii Research で検索対象を「論文」に絞って任意のキーワードで検索し，普段利用する図書館でその論文の掲載雑誌が利用できるか確認しなさい。

(2)　J-STAGE をなんらかのキーワードで検索し，オープンアクセス文献を閲覧しなさい。

参考文献

1. 倉田敬子『学術情報流通とオープンアクセス』勁草書房，2007 年
2. 日本図書館情報学会研究委員会編『電子書籍と電子ジャーナル』（わかる！図書館情報学シリーズ 1）勉誠出版，2014 年

注）

1) オープンアクセスを支援してきた SPARC（the Scholarly Publishing and Academic Resources Coalition）という組織は，1990 年代末に欧米の大学図書館が中心となって立ち上げられた。SPARC は，「学術研究の普及拡大と，図書館の財政圧迫を減少させる新たな学術コミュニケーションモデルの出現を刺激すること」https://sparcopen.org/who-we-are/（'24.1.23 現在参照可）に注力するとしている。日本でも 2003（平成 15）年から NII（国立情報学研究所）が主体となって組織した SPARC Japan が活動しており，オープンアクセスの支援等を通じて「学術コミュニケーションの変革」がめざされている。https://www.nii.ac.jp/sparc/（'24.1.23 現在参照可）。

2) NII が提供する論文情報データベースとしては「CiNii Articles」があったが，2021 年 7 月に CiNii Books その他のデータベースを包括して検索できるシステム「CiNii Research」として再編された（https://support.nii.ac.jp/ja/news/cinii/20210706，'24.1.23 現在参照可）。

3) 機関リポジトリとは，大学や研究機関が，そこに所属する研究者の論文等の研究成果を電子的に蓄積し，広く一般に公開するサービスである。収録対象となる情報資源の収集，整理，公開といった業務は，その機関の図書館が担っていることが多い。

4) CiNii Research に収録されているデータベース一覧は，https://support.nii.ac.jp/ja/cir/cir_db（'24.1.23 現在参照可）を参照のこと。

5) Google Scholar のトップページには，「巨人の肩の上に立つ」という標語が示されている。これは，先人による研究の蓄積があるからこそ，その先の学術的成果があるという意味である。

6) 近年，一般週刊誌の一部は CiNii Research から検索可能な国立国会図書館の「雑誌記事索引データベース」にも採録されるようになった。しかし依然として，それは全体のごく一部である。

7) 日本新聞博物館の所蔵資料は，かつては「新聞ライブラリー」として無料で一般公開されていた。現在は，館内の「新聞閲覧室」の資料であれば自由に閲覧できる。そのほかの資料の閲覧は，研究目的等であれば承認される場合がある。

8) 日経テレコンホームページ「記事検索」https://telecom.nikkei.co.jp/guide/menu/article/（'24.1.23 現在参照可）。

9) このほかに，記事などを検索するための独立した「索引集」というタイプの資料があり，レファレンスサービスにも活用される。

9 各種情報源の特質と利用法⑶ －事項・事実の検索－

　本章では，文献情報や論文・記事の情報ではなく，言葉の意味・統計調査の数値など，「事項・事実」のデータそのものを探すための情報源について解説する。従来は紙媒体のレファレンスブックが中心であったが，近年ではデジタル化資料も一部オンラインで公開されている。それらの特質と利用法を理解しよう。

第1節　事項探索のレファレンスプロセス

　実際に事項探索をおこなう際は，どのレファレンスツールを使用したほうが，より正確により迅速に得たい情報にたどりつけるかを判断しなければならない。第7章の図7-1にあげたように事項探索のレファレンスツールは多種あるが，これらのなかでどれを選択するかをまず判断しなければならない。

　レファレンスツールの種類を選択したならば，次にどのメディア（媒体）を選ぶかが重要になる。同じタイトルのレファレンスツールでも，たとえば『日本大百科全書』のように従来からの冊子体（全26巻）だけでなく，スマートフォンやPCからアクセスできるインターネット版（コトバンクやジャパンナレッジのサイトで提供。第3節参照）など複数のメディアで提供されているレファレンスツールもある。冊子体・インターネット版それぞれのメディアの特徴を把握したうえで選択をすることが大切である。

　たとえば『日本大百科全書』のインターネット版は，冊子体では不可能であった情報更新・改訂作業が定期的におこなわれており，冊子体では得られない最新の情報を入手することができる。

　しかしながら，インターネット版が，冊子体よりも常にすぐれているとは限らない。前述の『日本大百科全書』インターネット版で，冬の風物詩である「焼きいも屋」の起源について調べたいときに，「焼芋屋」「焼いも屋」「焼き芋屋」「焼きイモ屋」と入力しても，うまく検索することができない。「焼きいも屋」「やきいもや」と入力するとようやく「焼きいも」の項目がヒットして，「江戸の町に焼きいも屋が現れたのは，1793年（寛政5）の冬である」とわかる。このように，「焼きいも屋」という概念は同じにもかかわらず，漢字表記や送り仮名などちょっとした表記ちがいがあることで，インターネット版はうまく検索ができないこともある。こうした，いわゆる「表記のゆれ」は，デジタル化されたデータベースにはよくあることなので，うまく検索できない場合は，冊子体の索引を使用して調べたほうが効率的な場合もある。

第2節	ネットワーク情報資源の特質

a．ネットワーク情報資源とレファレンスブックとの併用

　インターネット上で利用可能な情報資源を総称して「ネットワーク情報資源」と呼ぶ。近年，古い資料・音声情報などをデジタル化して保存するデジタルアーカイブの事業が進められている。各図書館・情報センターでもそのような取り組みがおこなわれ，その一部はオンラインで公開されている。また，公的な統計データや法令データなどもオンラインで公開されている。本節では，これらオンラインで入手可能なデータの利用について述べる。

　まず注意すべき点は，レファレンスブックとネットワーク情報資源との併用である。辞書・事典・年鑑などは，従来の紙媒体のレファレンスブックが利用されることも多いが，調べる内容によっては，インターネット版のレファレンスツールでしか検索できない事柄もあるため，紙媒体のレファレンスブックとネットワーク情報資源とを相互補完的に使い分けて利用することが大切である。

　レファレンスライブラリアンは，利用者の求めに応じて，紙媒体のレファレンスブックとの併用を考慮したうえで，専門データベースなど適切なネットワーク情報資源を選択し，素早く検索し，情報の出典・信頼性が確認できるデータを提供する高度な情報リテラシーを身につけるよう，常に自己のスキルを磨かなければならない。

b．サーチエンジンを利用する際の注意

　インターネットを利用するとさまざまな情報を容易に得ることができるが，Web サイトのなかには編集・管理の責任体制が不明確なもの，提供される情報が不正確・不確実なものも数多くある。情報を探す手がかりが少ないとき，知りたいことが漠然しているときは，サーチエンジンを使って検索することもあるだろう。だがサーチエンジンではインターネット上に公開されている Web ページの情報のなかから必ずしも適切な情報が見つかるとは限らない。サーチエンジンの利用において，注意すべき「落とし穴」は表9-1 の次の4つである。

　とくに①に対しては，「一度であきらめない，満足しない」という態度が必要である。日常的な検索では，えてして，たった一度の検索で，検索結果の上位数件か，せいぜい1～2ページ見ただけで終わりにしてしまうことも多いが，レファレンスライブラリアンによる専門的な情報サービスのための検索としては，それではとうてい不十分である。キーワードの組み合わせを変えるなどして，さまざまな角度から情報検索をおこなう必要がある。さらに，②～④の注意点についても考慮し，Web サイトの信頼性を見極める必要がある。

表9-1　サーチエンジンを利用する際の注意点

①　必要な情報を網羅的に（もれなくすべて）探せるとは限らない
②　得られる情報が常に正しい（最新の）情報とは限らない
③　上位の検索結果が重要とは限らない
④　検索手段として効率的とは限らない（ほかに適切な情報源がある可能性もある）

表9-2　ドメインによる Web サイトの信頼性

ドメイン	発信元の組織などの性格	発信元の信頼性
① ac.jp	日本の高等教育機関・研究所などが使用	信頼できる
② go.jp	日本の政府機関が使用	信頼性は高い
③ ne.jp	日本のネットワークプロバイダー業者が提供する Web ページに使用している	個人サイトも含まれるので信頼性は判断不能
④ or.jp	営利以外の法人団体が使用	判断不能
⑤ co.jp	日本の一般企業が使用	判断不能
⑥ .gov	アメリカの政府機関が使用	信頼性は高い
⑦ .edu	アメリカの高等教育機関が使用	信頼できる

c．Web サイトの信頼性

　Web サイトの内容や種類によって，ある程度の信頼性を評価することは可能であるが，最終的には，Web サイトの制作者，内容，デザイン・操作性から総合的に判断することが必要になる。その際の目安について，わが国のある研究では以下のように整理している[1]。

①制作者の存在が明示されている（制作者の解説，オフィスの写真，加盟会員リストなど）。制作者が誠実で信頼できる（信頼できるサイトからリンクされている）。制作者にコンタクトできる（住所，電話，FAX，メール，地図）。

②情報の内容が正確である（個々のページのタイトルが適切，情報の出典を明示）。情報発信者と提供されている。コンテンツやサービスに専門性がある。定期的に更新されている。小さな誤りがない（正しい日本語，誤字・リンク切れがない）。量が豊富（ほかのサイトへのリンクが充実）。

③デザイン・操作性がよい（見やすい，テーマが明確）。使いやすく便利である（ページ内のテーマが統一）。宣伝的な要素に節度がある。

　また，インターネット上の文書や画像などの情報資源がおかれている場所（発信源）の住所＝アドレスのことを，URL（ユーアールエル，Uniform Resource Locator）という。URL の最後の部分（ドメイン）は，発信元の組織などがどのような性格をもつかを示すもので，ここからもある程度，情報の信頼度を判別することができる（試しに表9-2をつくってみた）。

第3節 **ネットワーク情報資源の種類と利用法**

　本節ではネットワーク情報資源（とりわけデータベース）を紹介する。事例をもとに考えよう。以下で，各種のデータベースを図書，論文，相談，趣味の4つに分けて紹介する。その際，事例の①〜⑩の番号も参照し，どのような場面で活用できるかを考えてみよう。司書をめざす人たちには，下線を引いたデータベースはぜひ使えるようになっていただきたい。

<事例>

　Bさんは通学途中で綺麗な花が咲いているのを見つけた。花の名前がわからず，スマートフォンアプリの植物図鑑「PictureThis」のトライアル版（7日間無料）を使用して花を撮影し，その場で花の名前をつきとめた。授業後に訪れたカフェに素敵な音楽が流れていた。曲の名前がわからず，音楽認識アプリの「Shazam」で曲名とアーティスト名をつきとめ，SNSで友人たちにシェアした【①】。

　帰宅後，レポート執筆のために文献検索を始めた。まずは論文をCiNii Research とJ-STAGEを使って探し，本文PDFへのリンクがあるものを選んだ【②】。オンラインに本文がない論文については，NDLに登録して取り寄せる手続をした【③】。つぎに図書を，大学図書館だけでなく，地域の図書館の一括横断検索で調べた【④】。公共図書館で電子書籍も借りた【⑤】。所蔵のない新刊を書店のウェブサイトで検索し，古書も調べた【⑥】。

　レポート執筆時には，「Microsoft Lens」で講義の板書や手書きの読書メモをテキスト化して参考にした。また，縦書きの論文をレポートに引用する際にも，Microsoft Lens でPDF論文をMicrosoft Word のテキストに変換して利用した【⑦】。レポートには，図書館が公開している地域の歴史に関するデジタル・アーカイブの画像を具体例として挿入した【⑧】。

　地域観光に関する発表スライドを作成する課題もあったので，県内の果物の消費量をめぐる統計データを調べて，Excel でグラフ化し，スライドに貼った【⑨】。

　お腹が空いたので，趣味のクラシック音楽を聴きながら，Cookpad でレシピを調べて夕食を作り，自炊記録アプリの「Snapdish 料理カメラ」に料理の写真を保存した【⑩】。

a．図書（雑誌を含む）

○図書館で借りる：目的にかなう資料が大学図書館に所蔵されていなければ，CiNii Research（サイニィ・リサーチ）を使って，近隣の大学図書館からILL（図書館間相互貸借）で取り寄せる手続をしよう（図9-1）。Webcat Plus では図書の概要を知り，関連テーマの図書を探すことができる。都道府県レベルで地域の公共図書館，大学図書館の蔵書を一括検索できるシステムもある（https://www.jla.or.jp/link/link/tabid/167/default.aspx）【④】。電子図書館（電子書籍貸出サービス https://aebs.or.jp/Electronic_library_introduction_record.html）で図書を借りれば，返しに行く手間も省ける【⑤】。

○新刊：ジュンク堂（honto）等の書店サイトでの在庫検索や，紀伊國屋書店ウェブストア・楽天ブッ

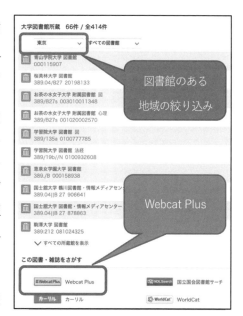

図9-1　CiNii Research と Webcat Plus

クス・Amazon 等のウェブサイトで探す。

○古書：「日本の古本屋」や「スーパー源氏」ウェブサイト，メルカリ，Amazon 等で探す【⑥】。

○古典籍：国書データベース（https://kokusho.nijl.ac.jp）や早稲田大学古典籍データベース（https://www.wul.waseda.ac.jp/kotenseki/）等で探す。

○展覧会カタログ等：美術図書館横断検索（https://alc.opac.jp/search/all/）で探す。

ｂ．論文

○オンラインで読む：CiNii Research（サイニィ・リサーチ），J-STAGE（ジェイステージ）で論文を探す【②】。CiNii Research は，「本文へのリンクあり」のみに絞り込んだ検索が可能で，リンク先の機関リポジトリ等で本文 PDF をダウンロードできる（図 9-2 は J-STAGE の例）。論文等を書く際の文献一覧等を自動作成してくれる RefWorks やEndNote に書誌情報を書き出すことも可能だ。

○コピーを取り寄せる：NDL SEARCH に無料登録すると，コピー代と郵送費の実費で論文を取り寄せられる（https://ndlsearch.ndl.go.jp）【③】。

ｃ．相談（学び方の案内を含む）

　困りごとや調べ物の手がかりとして，公共・大学

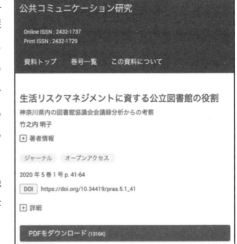

図 9-2　J-STAGE における PDF ダウンロード

図書館が契約している有料データベースを利用することができる。

○国立国会図書館サーチのリサーチ・ナビ（https://rnavi.ndl.go.jp）：レファレンスや美術等を含む，既存の各種データベースのパスファインダー集のような性質をもち，調べ物全般に役立つ。

○研究発表する時の元データには，政府統計の総合窓口「e-Stat」（https://www.e-stat.go.jp/）や，地域経済分析システム「RESAS（リーサス）」（https://resas.go.jp/#/13/13101）がおすすめ【⑨】。

○就職活動や起業の際には，新聞で時事情報を収集しよう。日経電子版（https://www.nikkei.com/），朝日新聞デジタル（https://www.asahi.com/），その他，農工水産業・観光経済（https://www.kankokeizai.com/）等の専門紙もある。特許や株価などのビジネス系データベースも利用できる。

○国会や法律について知り，日本の政治に当事者意識をもって参加しよう（使い方の説明も NDL ウェブサイトにあり）：国会会議録検索システム（https://kokkai.ndl.go.jp/），日本法令索引（https://hourei.ndl.go.jp/）。環境問題や地価等に関心があれば，国土地理院の地図・海岸昇降検知，国土交通省の地価調査等を調べることもできる。

d．趣味

○【①】は，スマートフォンで使える身近なオンラインデータベースの例である（図9-3）。便利なアプリを他にも調べよう。

図9-3　PictureThis, Shazam, Microsoft Lens

○スキャナー（OCR）アプリ Microsoft Lens【⑦】で，画像をテキスト（Word）やスライド（PPT）形式等に変換し，PC と共有できる（図9-3）。スマートフォンに Microsoft Word 等のアプリを予め導入しておく。スマートフォン内のデータをデータベース化し，創造に活かせるアプリとも考えられる（【⑩】の Snapdish　料理カメラも同様）。関連して，X（旧 Twitter）や LINE の自分だけのグループや鍵アカウントを読書メモにしてレポート執筆に活かすこともできる。

○<u>JAPAN SEARCH</u> はさまざまなデジタル・アーカイブを一括検索できるプラットフォームである。JACC アーティスト検索や NHK アーカイブスによって，アニメ・映画・ゲーム・舞台芸術・放送番組を調査可能である【⑧】。各種の統計データや公文書も検索できる【⑨】。

○クラシックの定額料金制オンライン音楽図書館「ナクソス・ミュージック・ライブラリー（NML）」【⑩】。利用のための ID とパスワードを無料発行するサービスを行っている公共図書館もある（例：千代田区立図書館，さいたま市図書館，大阪市立図書館等）。

○趣味に関連して，洋服や花屋等のオンラインストアは，色や雰囲気等の感性語を使用して商品を絞り込む，感性情報検索が実装されたアーカイブといえる。データベースの検索によって，新たなコーディネートの発見や自分をふりかえるきっかけにもできる。

設　問

(1)　興味のあるテーマの図書を CiNii Research で検索し，概要を Webcat Plus で確認しなさい。また，興味のあるテーマの論文を CiNii Research と J-STAGE で検索し，本文 PDF をダウンロードして書誌情報と概要を報告しなさい。

(2)　Shazam を使って CM や BGM の曲名を認識し，記録しなさい。また，スマートフォン版 Microsoft Word と Microsoft Lens をインストールして手書きの読書メモなどを Word 化し PC に転送しなさい。

参考文献

1.　国立国会図書館サーチのリサーチ・ナビ 統計の調べ方：基礎編（https://rnavi.ndl.go.jp/research_guide/entry/theme-honbun-102849.php）（2024. 1. 26 参照）
2.　国立国会図書館カレントアウェネス・ポータル（https://current.ndl.go.jp）（2024. 1. 26 参照）

注）
1)　長谷川豊祐著『レファレンス資料の解題 2010 年』（鶴見大学図書館司書・司書補図書館職員養成講座夏期講習資料）より抜粋要約。

10 各種情報源の評価と解説

　この章では，代表的なレファレンスツールを取り上げて解説し，評価する。現在，レファレンスブック（参考図書）の多くが冊子体から電子メディア・データベースへ移行しており，最新データは JapanKnowledge などの有料データベースの更新によってのみ提供される資料も増えてきている。しかし，遡及的情報の調査などでは，これらデジタル資料のみでは完全な対応ができず，依然として冊子体の参考図書が必要とされる場面が今日でも多くみられる。図書館にはさまざまな事柄について調べられるように，豊富なレファレンスブックが揃っているので，調べたい内容に合わせて適切なものを選択できるようにしておこう。

第1節　レファレンスブックの評価

a．評価の目的

　これまで各章で説明してきたように，図書館でレファレンスサービスをおこなううえでの情報源となるレファレンスブックには，さまざまなものが存在する[1]。実際にレファレンスサービスをおこなう際には，利用者の情報ニーズをきちんと把握して，適切な回答を提供する必要があり，そのためには，①主題（何を調べたいのか），②要求条件（どのくらいの量・時間）を考慮したうえで，適切なレファレンスブックを選択することが重要となってくる。

　たとえば，「紅葉」について調べようとするとき，①その漢字の読み方を調べるのであれば漢和辞典を，②その意味を調べるのであれば国語辞典を，③植物としての分類を調べるのであれば植物事典をと，何を調べるのかということに着目しても，用いるレファレンスブックはちがってくるだろう。また，漢字の一般的な意味だけでなく，語源などをさらに詳しく調べようとすれば，語源辞典などを利用することになろう。

　このように，調べたい事柄に対してどのようなレファレンスブックを使用すればよいかということを基礎知識として知っておく必要があり，そのうえでさらに，その図書館において，実際に利用可能なレファレンスブックは何があるのかということを，常に把握し，評価しておく必要がある。

　図書館においてレファレンスブックを評価する目的としては，①より適切なレファレンスコレクションを構成するため，②自館に必要なレファレンスブックの選択・受入のため，③自館で所蔵するレファレンスブックや新刊のレファレンスブックの利用上の価値を理解するため，④利用者にそれを紹介するため[2]ということが考えられ，目的によっても評価の観点がちがってくる。このため利用者の利用情況と個々のレファレンスブックの掲載内容や使いやすさなどを勘案し，正当な評価をおこなっていく必要がある。

b．レファレンスブックの利用状況

　レファレンスブックの正当な評価をおこなうためには，各図書館における利用状況の把握が重要となってくるが，貸出が可能な図書や雑誌などとはちがい，一般的にレファレンスブックの大半は館内のみでの利用となることから，利用状況の把握はむずかしい[3]。しかし，図書館の多くがレファレンスサービスの記録として，レファレンス事例集を作成しており，レファレンスブックの利用状況を知る手がかりとすることができる。

　国立国会図書館の提供している「レファレンス協同データベース」[4] は，国内の各種図書館におけるレファレンスサービスの事例を蓄積している。それらを分析した研究[5] によれば，資料の主題別の利用状況の割合をみると，2類（歴史）・3類（社会科学）の2つの分野だけでレファレンス全体の60％を占め，ついで0類（総記）が16.4％，9類（文学）が7.0％という順になっていることが判明した（表10-1）。この結果により，実際のレファレンスブックの利用は特定の主題に偏った利用がなされているという情況がみえてくる[6]。ただし，これらの資料の約40％はネットワーク情報資源による代替メディアが存在する[7]。

表10-1　実際の調査によく使用されるレファレンスブックにおける主題別割合

NDC（類）	0	1	2	3	4	5	6	7	8	9	合計
冊　数	33	4	62	58	4	6	7	5	8	14	201
割合（%）	16.4	2.0	30.8	28.9	2.0	3.0	3.5	2.5	4.0	7.0	100.0

　また，同研究のタイトル別利用状況の分析では表10-2のような結果がでている。百科事典など一般的に初期調査に用いられることの多い0類のレファレンスブックが上位10冊に占める比率が高くなっているが，全体的に見ると個別の主題調査にかかわってくる2類の歴史・地理・人物調査などに関連するレファレンスブック，3類の統計・経済・法律などに関連するレファレンスブックの利用が多いことがわかる。また，実際に図書館で勤務している図書館員によるアンケート調査でも，よく利用されている資料としてほぼ同じ結果がでており，主題調査によって定番化されていることがわかる[8]。

表10-2　実際の調査でよく使用されるレファレンスブックの上位10冊

順位	タイトル	調査に用いた回数	NDC（類）
1	国史大辞典（国史大事典含む）	455	2
2	日本大百科全書	350	0
3	日本国語大辞典	321	8
4	国書総目録	294	0
5	J-BISC	267	0
6	官報	260	3
7	角川日本地名大辞典	207	2
8	古典籍総合目録	181	0
9	人物レファレンス事典	157	2
10	世界大百科事典	144	0

出典：間部豊・小田光宏「レファレンス質問への回答を可能にしたレファレンスブックの特性に関する研究」『日本図書館情報学会誌』Vol.57，No.3，2011，p.91.より100位中上位10位を抜粋

第2節　レファレンスブックの解説

　レファレンスブックは多種多様なものがあり，それぞれ特徴があるため同一の基準で評価することはむずかしい。このため適切なレファレンスブックを選択するためには，まえがき，あとがき，編集後記，凡例・編集方針などに目を通し，①制作に関する事項（編著者，出版者など），②内容に関する事項（対象とする主題，項目の設定方法など），③製作に関する事項（印刷，製本など）に着目して，それぞれ評価・比較することが望ましい。また，JapanKnowledge（ジャパンナレッジ）などのデータベースにコンテンツとして収録されているレファレンスブックは，印刷版とデジタル版とで収録内容に違いがある場合も多いため，留意する必要がある。

　以下に，それぞれの調査項目に関して，代表的なレファレンスブックをあげ，解説する。

ａ．事物・事象に関する情報源

　さまざまな事項について包括的・網羅的に扱ったレファレンスブックとして百科事典がある。百科事典の特徴は，収録範囲が広く，図版や表などを多用し，ビジュアル的にもわかりやすく解説されている反面，専門的・詳細な情報の提供には不向きであり，多巻となることも多いため完結までに時間がかかるということである。このため，百科事典を評価する際には，収録情報の範囲，収録時期のほかに索引・補遺（補巻）などの補助的ツールの有無を確認しておくとよい。

①『日本大百科全書』（第2版秋庭隆編）小学館，1994-1997年

　見出し語はかな見出しとなり，五十音順に配列されている。本文は現代日本語で解説がなされており，文末には解説文執筆者名が記されている。参考資料・文献が添えられている項目も多く，出典を把握することも可能となっている。また項目内容に応じて，用語・術語・作品解説・人物紹介など囲み記事欄を多数もうけており，カラー写真・図表などとあわせて，本文の理解が深められるような工夫がなされている。全26巻からなり，第25巻が索引，第26巻が補巻という構成になっている。現在は冊子体での刊行は終了しており，JapanKnowledge（有料）およびコトバンク（無料）内コンテンツとして収録され，提供されている。

②『世界大百科事典』（改訂新版）平凡社，2007年

　1988（昭和63）年に出版された『世界大百科事典』の改訂新版。単なる専門知識の獲得より，知見を広め，総合的な知識・理解を深めていくことを目的としており，約9万の項目が太字のかな見出しとして，分野を問わず五十音順に配列されている。また，本文解説は日本を中心とした記述となっており，日本とかかわりの深い項目ほど詳細な説明がなされている。特記事項や専門用語の解説には，目次を付した大項目・コラム・用語解説が設けられており詳細な説明がなされている。全31巻と別冊からなり，第31巻が索引で，「日本地図」「世界地図」「アルマナック」「百科便覧」がそれぞれ別冊として

刊行されている。なお「百科便覧」は単独販売もされており，2009（平成21）年に最新の五訂版
が刊行されている。別冊を除く31巻（本巻30巻および索引1巻）はJapanKnowledgeに収録さ
れており，『日本大百科全書』と同項目間の相互リンクが付与されている。

b．言語に関する情報源

　言語に関する情報源を評価する際には，どのような言葉を対象として編集されているのかとい
うことが重要となるため，収録語数と語彙の種類，配列法，類語・対語への参照などに注意する
必要がある。また，編著者の経歴や実績，対象者（学生・一般・専門家の別）なども事典の性質（項
目の選び方，本文説明の仕方など）に影響を与える要素となるため，確認しておくとよい。

① 『日本国語大辞典』（第2版）小学館，2000-2002年

　日本語を網羅的に記録することを目的とし，日本の文献において用いら
れている一般語彙に加え，方言，隠語，法律，経済，医学，化学など，各
分野における専門用語や地名，人名，書名などの固有名詞からなる約50
万項目を収録している。

　見出し，本文の解説は現代かなづかいを用いており，見出しは親見出し
（自立語・付属語など），子見出し（慣用句・ことわざなど）の二段階に分けて
五十音順に配列されている。収録されている用語の説明は時代を追って記
述してあり，書名，成立年・刊行年とともに約100万件の用例文を併記し

ている。全13巻と別巻からなり，別巻には「漢字索引」「方言索引」「出典一覧」を収録し，検
索性を高めている。JapanKnowledgeでは完全デジタル版として，全13巻と別巻を収録し，コ
トバンクでは項目数を30万項目に絞った精選版として提供されている。

② 『大漢和辞典』（修訂第2版　諸橋轍次著）大修館書店，1989-1990年

　中国の字典である『殿版康熙字典』を範に取り，字形，字義とともに語
彙，解釈を参照できる漢字のための総合的な辞典として編纂されている。
親字として，正字のほかに略字，俗字，国字など約5万語を収録しており，
古今の中国歴代の辞書，さまざまな古典資料類を参照し，成語，故事熟語，
格言，詩文の成句，および人名，地名，書名，官職名，年号，動植物名な
ど多岐にわたる文字を約53万語，収録している。

　文字の解説では，①正しい字形，②字音，③字義の順に示し，語彙の解
説では平易な説明とともに出典・引用が示されている。

　全13巻と別巻2巻からなり，第13巻は「総画索引」「字音索引」「字訓索引」「四角號碼索引」
「附録（常用漢字表，中国簡化文字表）」など多数の索引で構成されている。別巻として，「語彙索引」
（東洋学術研究所編），「補巻」（鎌田正，米山寅太郎編）の2冊がある。また，「縮刷版」（修訂版の本
巻のみ），簡易版となる『広漢和辞典』（全4巻）が刊行されている。2018年にはUSBメモリに
よる『大漢和辞典デジタル版』が発売されており，2021年よりJapanKnowledgeの追加コンテ
ンツとして部品検索，語彙索引検索などの機能を備えたデジタル版が収録されている。

③『日本語シソーラス　類語検索辞典』（第2版　山口翼編）　大修館書店，2016年

　日本語の語句を意味によって探すための辞典となり，本文には語句のみ

で，文例や語釈を収録していない。約21万語2000語（再録を含めると延べ33万1000語）を収録しており，全体を「Ⅰ抽象関係」「Ⅱ位相・空間」「Ⅲ序と時間」「Ⅳ人間性」「Ⅴ知性・理性」「Ⅵ人間行動」「Ⅶ社会活動」「Ⅷ自然と環境」の8つに大別し，さらに1044のカテゴリー（大語群）に区分している。この大語群の中に小語群が設けられており，各語句は品詞に拘らずに意味の近さを優先してまとめられ，固有の語群番号が付けられている。巻末には五十音順の索引を備えており，索引語，小語群名，語群番号

を手がかりに語句を容易に検索することが可能。ある語句に対して，異なる言い回しや言い換えの語句を探したい場合など，語彙検索に特化した辞典として利用することができる。CD-ROM版，ダウンロード版，スマホ用アプリ版も販売されている。

c．歴史に関する情報源

　歴史に関する情報源を評価する際には，とくに刊行年や版に注意する必要がある。正確な情報を得るためにも，近年の歴史研究成果を多く収録しているような事典を使用するようにしたい。また収録項目には，歴史上の人物，事件など幅広い範囲にわたるものが多いので，各項目間に参照などの指示があるか，参考文献・資料への指示があるかについて確認するとよい。

①『國史大辞典』（國史大辞典編集委員会編）　吉川弘文館，1979-1997年

　日本の歴史の全領域を網羅し，さらに考古学，人類学，民俗学，国文学，

書誌学，古文書学など隣接・関連する分野から事項・事件・人名などが収録されている。見出し語はかな見出しとなり，主題項目と中見出しが五十音順に配列されている。本文記述には口語体を用いている。年次の表記には原則として和暦の年号を用い，西暦を（ ）で付け加えて表記している。各項目の最後には執筆者名とともに参考文献が提示されている。全15巻17冊からなり，15巻は上巻（補遺，資料・地名索引），中巻（人名索引），下

巻（事項索引）の3分冊で構成されている。2010年より詳細検索が付与されたデジタル版がJapanKnowledgeに収録されている。

②『世界歴史大事典』教育出版センター，1985年

　世界各地の民族文化，歴史に関して，哲学・心理・教育・社会風俗など

多様な項目を百科事典形式で収録している。見出しはかな見出しと本見出しからなり，日本語読みの項目はひらがな書きに漢字，外国語（外来語）の項目はカタカナ書きに原語綴りとなっている。各項目は特大項目，大項目，中項目，小項目の4種類に分けられ，五十音順に配列されている。項目には執筆担当者の署名がなされているものも多い。小・中・高校生など学習者向きに編纂されており，豊富な写真・挿絵，「こぼれ話」などのコ

ラムが取り入れられ，読みやすいものとなっている。全22巻となり，第20巻までが事典，第21巻が総索引，第22巻が類別索引という構成になっている。第22巻の類別索引には，見出し項目索引，人名索引，地名索引，事項索引，ジャンル別索引，欧文索引，漢字字画索引，歴史文化資料索引など多数の索引が備えられている。

ｄ．地理・地名に関する情報

地理・地名に関する情報源は，現在の状況に即した情報が得られるかという点に注意する必要がある。市町村合併がおこなわれて地名が変化することも多い。編纂された時期と現在の状況を比較しながら利用するようにしたい。

①『角川日本地名大辞典』角川書店，1978-1990年

民族遺産として地名の記録を残すことを目的とし，日本各地の地名に関連する諸情報がまとめられている。見出しはかな見出しの後に漢字見出し，現行自治体名を＜＞で囲んで併記し，五十音順に配列している。全47巻と別巻2巻からなり，「総説」「地名編」「地誌編」「資料編」の4部門に関して，都道府県別に1巻にまとめられている。「地名編」では古代から近世までの歴史的行政地名に加え，自然地名（山・河川・半島など），人文地名（道路・港・公園など）を収録している。「地誌編」では現在の各自治体・区に関して，状況（面積・人口・地名の由来など）・立地（地理的条件・自然環境など）・歴史に関して説明をしている。別巻Ⅰとして，日本の地名に関する総論「日本地名資料集成」を，別巻Ⅱとして総索引「日本地名総覧」を収録している。新版として25万項目を収録し，平成の大合併に対応したDVD-ROM版が販売されており，JapanKnowledgeにも収録されている。

②『世界地名大事典』朝倉書店，2012-2017年

世界の地名をできるだけ多く収録し，それらの総合的な情報をとりまとめることを目的とし，日本を除く世界の地名約4万8000項目を5地域（「アジア・オセアニア・極」（約1万1600），「中東・アフリカ」（約4800），「ヨーロッパ・ロシア」（約1万6900），「北アメリカ」（約9600），「中南アメリカ」（約4500））別に五十音順に全9巻に収録している。本文においてすべての国や一部の大地域等には略地図が項目付近に掲載されており，関連写真も多数掲載されている。第2巻の巻末に欧文索引と漢字索引，第3巻，6巻，8巻，9巻にそれぞれ欧文索引が付されている。

ｅ．人物に関する情報源

人物に関する情報源を評価する際には，項目構成に注意する必要がある。とくに屋号・爵号^{しゃくごう}の継承など同名異人である場合も多いため，読みのほかに，生国や生没年など人物の識別が正確にできるような構成になっているか注意をする。また，顔写真，家系図・相関図など説明文以外の情報の有無も評価のポイントとなる。

①『講談社日本人名大辞典』（上田正昭［ほか］監修）講談社，2001 年

　古代から現代まで，政治，宗教，思想，経済，文学，芸術などあらゆる
分野において，日本史上に活躍した人物，著名な女性，日本史上に影響が
見られる外国人，文学作品の架空人物など約 6 万 5000 人を収録している。
見出しはかな見出しとなり，読みの五十音順に配列されている。各項目は
読み，見出し語，生没年，説明文という構成になっており，白黒画にて，
近世以前の人物に関しては肖像画，近代以降の人物に関しては顔写真が付
されている。また大名，武将，豪族など約 300 家の系図表が本文中に示さ
れている。巻頭に「日本人の姓と名」，巻末に「日本の姓氏 500」「人物記念館」と特集が収録さ
れており，さらに巻末に資料集として，「天皇一覧」「皇室系図」「歴代内閣一覧」「文化勲章受章
者一覧」「文化功労者一覧」，索引として難読姓・名索引，外国人名アルファベット索引，日本史
年表など多彩な資料・索引が備えられている。CD-ROM が附属。2015 年より新項目の追加や項
目更新を加えたデジタル増補版が JapanKnowledge で提供されている。

②『岩波世界人名大事典』（岩波書店辞典編集部編）岩波書店，2013 年

　『岩波　西洋人名辞典』をもとに，収録対象を全世界として，総合的な
外国人名辞典を目的に編纂された。全 2 巻からなり，収録項目は約 3 万
8000 項目。見出し語は中国人名，朝鮮人名は漢字表記（一部カタカナ表記
が常用されている場合は除く）とし，それ以外はカタカナ表記としている。
カタカナ表記はできるかぎり原音に近い写音で表記され，姓名の別がある
人名は基本的には性のみを見出し語として五十音順に配列されている。第
2 巻の巻末には付録として「人名対照表」「地名対照表」「中国・朝鮮の歴
史用語集」のほか，巻末索引として欧文・漢字の索引が付されている。
2019 年より印刷版から没年情報を更新したデータが JapanKnowledge で提供されている。

③『人物レファレンス事典』（新訂増補）日外アソシエーツ，1996-2013 年

　日本国内の代表的な人物事典・歴史事典・百科事典などに収録されてい
る日本人の総索引となっており，調べたい人物がどの人物事典・百科事典
に載っているのかを調べるために使用される事典となる。これまで「古
代・中世・近世編」「明治・大正・昭和（戦前編）」「昭和（戦後）・平成編」
「古代・中世・近世編Ⅱ（1996-2006）」「明治・大正・昭和（戦前編）Ⅱ」「昭
和（戦後）・平成編Ⅱ」「古代・中世・近世編Ⅲ（2007-2016）」と時代ごとに，
のべ 11 万 2404 人の人物情報を収録した総索引となっている。また，時代
別のほかに分野別人物レファレンス事典として「文芸編」(2010)，「美術編」
(2010)，「科学技術編」(2011)「音楽編」(2013) などが刊行されている。一部の資料は有料デー
タベースの「日外レファレンス・コレクション（レファコレ）」において「人物レファレンス事典
Plus」として提供されている。

　見出し語は漢字となり，人名の読みの五十音順に配列されている。各項目は，見出し語，読み，人物説明，掲載事典から構成されており，人物説明には，生没年（和暦・西暦の併記），別表記・別読み，プロフィール（活動時期，身分，職業など）が記されている。また，時代別のほかに「郷土人物編」(2008)，「文芸編」(2010) が刊行されている。

設　問

(1)　代表的なレファレンスブックの印刷版とデジタル版を比較し，評価しなさい。
(2)　本章で取り上げた以外のレファレンスブックを幅広く知るために，できるだけユニークな事典・ハンドブックなどを 10 件以上探してその特徴をまとめなさい。

参考文献
1. 大串夏身・田中均『インターネット時代のレファレンス』日外アソシエーツ，2010 年
2. 長澤雅男・石黒裕子『情報源としてのレファレンスブック』日本図書館協会，2004 年
3. 長澤雅男・石黒裕子『レファレンスブックス＝Reference Books：選びかた・使いかた』3 訂版，日本図書館協会，2016 年

注)
1)　一般的に図書・雑誌など一次資料の情報がまとめられた二次資料をレファレンスブックと呼ぶことが多いが，『日本の参考図書』『人物レファレンス事典』のように，レファレンスブックの情報をまとめて編集し，レファレンスブック自体を探すことができるようにつくられているものもある。
2)　長澤雅男・石黒祐子『情報源としてのレファレンスブック』日本図書館協会，2004 年，p.15。
3)　貸出可能な図書・雑誌などでは毎年図書館の実績評価の一環として，貸出数の統計が取られているため利用実績を把握しやすいが，レファレンスブックは多くの図書館で，禁帯出扱いとなっているため，利用の実態が見えづらい傾向にある。
4)　国立国会図書館が公開・提供しているサービスで，公共図書館，大学図書館，専門図書館などと連携し，共同で構築している調べ物のためのデータベース。https://crd.ndl.go.jp/reference/ (’24.1.23 現在参照可)。
5)　間部豊・小田光宏「レファレンス質問への回答を可能にしたレファレンスブックの特性に関する研究」『日本図書館情報学会誌』voL57，No.3，2011，pp.88-102。
6)　前掲 5) 論文の研究では，「レファレンス共同データベース」自体に収録主題の偏りがあるのではないか，という疑問点を払拭するための調査もおこなっており，その結果，主題分布に多少の偏りは見られるが，レファレンスブックの主題分布と一致しているわけではないため，直接の原因ではないと結論づけている。
7)　間部豊「レファレンス質問への回答を可能にしたレファレンスブックの入手可能性に関する研究」『北陸学院大学・北陸学院大学短期大学部研究紀要』第 4 号，2011，pp.271-282。
8)　「わたしが選んだレファレンスブック・ベスト 10 (2008)」では，1 位：國史大辞典，2 位：日本国語大辞典，3 位：大漢和辞典，4 位：日本大百科全書，5 位：理科年表，6 位：角川日本地名大辞典，6 位：国書総目録，7 位：広辞苑，7 位：世界大百科事典，8 位：人物レファレンス事典，https://www.nichigai.co.jp/lib_fair/my_best10.html (’24.1.23 現在参照可)，「図書館員が選んだレファレンスツール 2015」では，1 位-國史大辞典，2 位-角川日本地名大辞典，3 位-日本国語大辞典，4 位-理科年表，5 位-世界大百科事典，5 位-大漢和辞典，7 位-日本大百科全書，8 位-国書総目録，9 位-現代用語の基礎知識，9 位-広辞苑　となっている。https://www.nichigai.co.jp/cgi-bin/ref2015_ALLresult.cgi (’24.1.23 現在参照可)。
9)　中国の言語学者・辞典編纂者，王雲五によって考案された検字法で，漢字を方形に区切り，四隅（1 左上，2 右上，3 左下，4 右下の順）の形態によって 0〜9 の番号（＝号碼）で表し 4 桁の数字で示される。部首や画数によらずに，漢字を構成するかたちで引くことができるため，漢字の成り立ちや構成要素に詳しくなくとも辞書を引くことができるように意図されている。

11 各種情報源の組織化

　図書館で，各種の情報源やレファレンスツールを有効に活用するためには，ただ資料（情報資源）を漫然とおけばよいというのではなく，その組織化がなされなければならない。それらは利用者が情報を探索する際に直接助けになることもあれば，複数の図書館間で資料・情報を共有し，検索するために用いられることもある。さらに，自館の蔵書を構築・維持する際の基準や指針にもなりうる。本章では，それら情報資源の組織化の役割と効果について考えてみたい。

第1節　情報資源の「組織化」とは

　「組織化」（organization）とは，『広辞苑』第7版によれば「つながりのない個々のものを，一定の機能をもつようにまとめること」と定義される。すなわち，個々の図書（ひいては情報資源全般）を，利用者の情報ニーズに応えるように，なにがしかの手段でまとめることと言い換えることができる。具体的には，情報資源の「目録データ」を適切に記述する「書誌記述」や，その主題を分析して「分類記号」や「件名標目」を付与する「主題分析」によって，利用者が情報に効率よくたどり着ける仕組みを調える過程がそれにあたり，図書館業務においては「整理業務」「記述目録作業・主題目録作業」などと呼ばれることが多い。

　「目録」（catalog）とは，通常，文字や数値によってその情報資源の名称（たとえば書名），制作者（著者や編者または出版に関する情報），形態（大きさやページ数，収録時間など）を一定の規則により記録したもので，利用者はこの「目録」を検索することで必要とする情報を見つけることができる。

　「主題」（subject）とは，その情報資源が何をテーマとするか（何について書かれたものか）ということを表す。たとえば『NBA解体新書』（梅田香子，ダイヤモンド社，1997年）は，「バスケットボールについて書いた本」であり，『アメリカ自動車工業の生成と発展』（井上昭一・関西大学経済・政治研究所，1991年）は，「アメリカの自動車産業の歴史について書いた本」である。このように，個々の情報資源のテーマを言葉で表現し，分析していくことを「主題分析」という。こうして分析された主題は情報資源の管理のために開発された特別な「分類法」によって，たとえば「783.1」や「537.090253」といった分類記号に変換される（78＝スポーツ，783＝球技，783.1＝バスケットボールを表し，5＝技術・工学，53＝機械工学，537.09＝自動車産業，＋02＝歴史・事情，＋53＝米国

写真11-1　情報資源組織化のためのツール　左から『日本目録規則2018年版』『日本十進分類法新訂10版』『基本件名標目表第4版』（いずれも日本図書館協会刊行）。

を表す）。図書館の蔵書は一般的にこれら分類記号の順によっておき場所が決まり，並べられるから，その分類記号のところにいけば同じ主題をもつものが集まっていることになる（書架分類）。

　また，その主題をキーワードで検索しやすくするために「件名標目」（subject headings）[1] を付与する。これらは「バスケットボール」や「自動車産業─アメリカ合衆国─歴史」のように，決められた語（統制語）で表される。これによって，利用者は書名にない「バスケットボール」や「自動車産業」といった単語からもこれらの図書を探すことができるようになる。

　現代の日本の図書館では主に『日本目録規則』（NCR），『日本十進分類法』（NDC），『基本件名標目表』（BSH）などの基本ツール（整理業務の基本規則を定めた「道具」，写真11-1）が用いられている[2]。

第2節 **情報サービスにおける情報資源の組織化の意義と役割**

a．情報サービスにおける情報資源の組織化

　図書館において，組織化されていない資料や情報はほとんど役に立たない。

　第1に，所蔵資料の書誌記述が不完全だと，利用者はその対象となる資料を検索によって見つけ出すことができない。そればかりか，情報サービスにたずさわる職員すらも，経験と記憶に頼らないと利用者に適切な情報を提供することができないという事態が起こりうる。とくに最近の大規模図書館では，蔵書を利用者の目にふれない自動書庫や外部の保存書庫に収蔵することが増えており，まず「検索して見つけ出してもらう」機会が与えられなければ，その資料や情報の価値は大きく減じられてしまう。

　第2に，タイトルや件名にキーワードと合致する語が含まれていない図書が，書架上で同じ分類記号をもつもの（同じテーマをもつもの）と並ぶことで初めて発見されることも多いので，資料の分類とそれによる配列・配架が適切になされていないと，検索の段階では容易に発見しえない同一主題の資料を見落とすことにつながる。たとえば「青少年犯罪に関する本」はさまざまあるが，書名が『子どもたちを救おう』（竹花豊，幻冬舎，2005年）のように，書名からは内容が類推しづらいものも含まれている。これらは整理業務の段階で適切に主題分析され，分類記号が与えられていれば，ほかの青少年犯罪を主題とした図書と書架上で同列に並んでいるはずだ。

　第3に，目録データに件名標目を付与することでキーワードからの検索を補助することができる。タイトルや単一の分類記号では表現しきれない主題（あるいは固有名）を件名として付与することで，これらを検索の手がかり（アクセスポイント）とすることができる。「宮沢賢治の作品について書かれた本」を探すために，件名標目「宮沢賢治」を付与しておけば，『言葉の流星群』（池澤夏樹，角川書店，2003年）のように書名や著者名からは賢治作品の解説書であることを類推するのが困難な図書を発見することもできる。また，『イギリス小説とヨーロッパ絵画』（山川鴻三，研究社出版，1987年）のように複数の主題が含まれている図書は，分類記号では「文学」か「芸

術」のいずれかの書架におくしかないが，件名標目を複数（た
とえば「小説（イギリス）」と「絵画（西洋）」）を与えることで，
どちらの主題で検索してもこの図書にたどり着くことができ
る。

　また，単に「検索」というだけでなく，レファレンスサー
ビスを提供するためにもこれらの組織化された情報が役に立
つことがある。以下，いくつかの場面をもとに情報資源の組
織化の役割と効果についてみてみよう。

ｂ．レファレンスコレクションの構築と維持

　各種のレファレンス資料は通常，一般の図書と同じ書架で
はなく専用のレファレンスコーナーに別置されているが，一
般の図書と同じくその主題に応じて分類・配架されている。
このメリットはいくつかあるが，まず，一般の図書と同じ配
列順（分類記号順）を用いることで，利用者になじみやすい

写真 11-2　レファレンス資料　多く
の図書館では，一般図書とレファレ
ンス資料は別置されているが，主題
別に（分類記号順に）並ぶという
ルールは変えていない。

ということがあるだろう。たとえばNDCを用いている図書館の場合，「心理学に関する図書」
は一般書架の140からおかれているが，「心理学に関する事典類」もまた同様に，レファレンス
コーナーの書架の140からおかれている（写真11-2）。

　また，その図書館で多く利用される一般図書の主題（テーマ）に対しては，同じ主題のレファ
ンス資料も求められる傾向が高い。たとえば，大学図書館のように特定の主題の利用が集中する
図書館は，その主題の資料を選定・購入する際に『新刊情報』（トーハン）や『週刊新刊全点案内』
（図書館流通センター），あるいは『日本の参考図書・四季版』（日本図書館協会）などを用いるこ
とで，特定の主題からその分野の図書やレファレンス資料を一覧することができる。これらのリ
ストはいずれもNDCで分類され，その順に掲載されているから特定主題のものを探しやすい。
もちろんそのほかの館種でも，選定のためのリストがNDCによる分類順になっていることは便
利であるはずだ。

ｃ．図書館間相互協力

　利用者の情報ニーズに対しては，図書館が所蔵する資料や情報ですべて対応できるようにコレ
クションを構築することが理想だが，それは現実には容易に達成しうるものではないし，ある意
味では不可能ともいえる。100万冊規模の大学図書館であっても所蔵していない図書や雑誌は必
ずあるし，それらに掲載されている情報を求めてくる利用者がまったく存在しないとはいいきれ
ない。まして，日々多数の資料を受け入れている図書館は，その分だけ書架が狭隘化して（手
狭になって）いく。書庫や倉庫に収める量にも限界があることから，やむをえず除籍・廃棄する
こともありうるし，複数の図書館で「分担収集」や「共同保存」するという事業もおこなわれて
いる。

　また，自館が所蔵しない情報資源を提供するために，「図書館間相互貸借」（ILL, Inter Library

Loan）を実践している。複数の図書館の間で資料・情報資源の貸借をおこなったり，論文の複写を依頼したりする図書館協力の一環である（第7章参照）。

　公共図書館の多くは国立国会図書館や民間企業（図書の取次業者など）が作成したMARC（Machine Readable Catalog，機械可読目録）による目録データを導入[3] することで，現在ほぼ均一のデータをもつようになった。現在は都道府県単位で各市区町村立図書館の横断検索や，『カーリル』のようなサービスで特定資料の所蔵・所在情報を知ることができる。

　これらは，目録の記述が各館でバラバラに作成されるのではなく，統一した基準で作成されているからこそ可能になったことである。

ｄ．情報資源の種別を問わない組織化

　たとえば『源氏物語』を読んでみたいという利用者に対し，図書館が所蔵する「冊子体の図書」だけでなく，図書館が購読・閲覧契約した「電子書籍」（たとえば「JapanKnowledge」[4] や「LibrariE」[5] など）も，あるいは信頼できるサイトで無料公開されている全文（たとえば「国立国会図書館デジタルコレクション」や「青空文庫」など）も，並行して提供していくべきである。まだ多くの図書館でそれらを一元的に提供することはできていないが，近い将来，検索システムも変わっていくことになるだろう。そのために，目録規則や分類表，件名標目表など，各種の組織化の基準や方法論は常に見直され，変わりつづけていかなくてはならない。

　情報資源の種別が異なると，その目録記述の方法もおのずと異なる。たとえば，ネットワーク情報資源の記述のために制定された「ダブリンコア・メタデータ・エレメントセット」（Dublin-Core Metadata Element Set，DCMES）は，対象のメタデータ（そのデータに関係する各種のデータ）に対応してタイトルや作成者，主題など15種の基本要素（エレメント）を定めている。これは厳密な規則ではなくあくまで標準的な部分についての基準であり，各館のニーズにあわせて拡張できる。たとえば国立国会図書館では2010年に「国立国会図書館ダブリンコアメタデータ記述」（DC-NDL）を制定し，「国立国会図書館サーチ」をはじめデジタル化資料の記述に適用している[6]。

ｅ．特殊コレクション・独自のコレクションの組織化

　公共図書館では，一般の資料に加えて地域資料（その地域の郷土資料や行政資料など）を収集し，保存し，提供しなければならない（このことは『図書館法』第3条で求められている）。また，大学図書館においては，教育・研究上必要な資料として独自の刊行物・研究成果や，場合によっては古典籍・古版本なども整理・公開することが求められる。一般の商業出版のルートでは入手困難な文献を「灰色文献」（gray literature）と呼ぶが，これらの保存・提供もまた図書館（とくに学術・専門図書館など）の重要な任務である。

　まず，これら特殊コレクションの収集については，それぞれの図書館でノウハウをまとめ，共有し，継承していくことが望ましい。とくに，行政資料や大学などの組織による独自の刊行物の場合，定期的に刊行されているにもかかわらず一部の期間のものしか図書館に所蔵されていないというのでは価値を大幅に減じる。これらは刊行と同時に図書館に納本される仕組みをつくるの

が確実な方法ではあるが，すべての対象に対してそのような仕組みを整えることはかなりむずかしい。行政資料であれば図書館はその発行部署や担当職員，新しく発行される刊行物の情報とその入手方法を承知しておくべきだ。これは，大学などの組織の刊行物についても同様である。

つぎに，それらもまた組織化しなくてはならない。市販の図書であればMARCが存在していることが多いが，これら灰色文献の大部分は自館で主題分析・記述目録作業をおこなう必要があり[7]，そのためには，図書館員に整理業務の知識・技術が不可欠となる。

また，大学刊行物や研究者の研究成果の公開については，従来の冊子体の刊行に加えて最近は各機関の研究成果を公開する「機関リポジトリ」が国際的に普及しはじめている。日本でも各大学や地域でリポジトリが立ち上がっているだけでなく，『JAIRO 学術機関リポジトリポータル』（国立情報学研究所）によるハーベスティング（各リポジトリのデータを自動的に収集する仕組み）もおこなわれ，リポジトリを横断検索する仕組みも整っている。このリポジトリに登録する文献・研究成果を研究者らから収集し，メタデータを記述することも図書館の仕事の1つとしているところが多い。

f．応用と実践上の課題

情報資源の組織化の技術は，図書館の所蔵資料を検索するための目録の作成・管理や，同種のテーマの情報資源を一か所に配架するための分類だけでなく，さまざまな場面に応用できていることは，ここまでもいくつか例をあげて述べてきた。たとえば図書館が所蔵する資料でなくても，ある図書について調べようと思えば，オンラインでは「国立国会図書館オンライン」があるほか，「TOOLi」（図書館流通センター；契約館のみ利用可）のような業務用データベースや「出版書誌データベース」（日本出版インフラセンター）などでは，書誌情報に加え，書影，内容・目次・あらすじなども得ることができる。冊子体の目録は減りつつあるが，『これから出る本』（日本書籍出版協会：2023 年休刊）や『出版年鑑』（出版ニュース社：2018 年終刊）などがあり，これらはいずれもNDCに沿って主題別に書誌情報が並んでいる。

日々新しいものが登場し，機能も進化していく各種のデータベースは確かに便利である。図書館で働く者も日々それらの情報をつかんで利用者に提供しているが，インターネットによる情報検索がここまで普及した現代では，検索してただ「なにか」を引き出すだけのことならば誰でもできる。しかし，図書館は単なる「書物の倉庫」ではなく，利用者が求める情報ニーズに「なにか」という漠然としたものではなく，適切な情報と知識を提供するための「情報サービス」を展開していかなくてはならない。そのためには，図書館そして司書に，基盤となる情報資源の組織化に関する知識と技術，そして経験が不可欠であるのはいうまでもない。

設 問

⑴　身近な図書館の OPAC を「夢　こころ」で検索して，主に館内のどのあたりに本が集まっているか（どの分類記号が多く用いられているか）を確認しなさい。

⑵　⑴で得られた結果は特に 2 か所ないし 3 か所に多く集まっていると思われるが，そこに分類されているのはなぜか，検索結果のデータや実際の書架の本をもとに考えなさい。

参考文献

1.　那須雅熙『情報資源組織論および演習』第 3 版，学文社，2020 年
2.　愛知淑徳大学図書館編・鹿島みづき『レファレンスサービスのための主題・主題分析・統制語彙』勉誠出版，2009 年

注)

1)　「主題」と「件名」それぞれ同じ subject に対する訳語として用いられているが，本質的には同じ意味であり，後者はこの概念が日本にもち込まれた明治時代以来の訳語である。また，件名標目の「標目」(headings) とは目録がカードの形態をとっていたころのなごりであり，カードの「見出し」(heading) に由来する語である。もともと「著者標目」「タイトル標目」「分類標目」「件名標目」と，それぞれの検索を補助する目的に応じてつくられていたが，目録がコンピュータ化された現在では「件名標目」以外は役割を終えている。2018 年に改訂された NCR では国際的な流れを受け，「標目」という語が廃止されて「アクセスポイント」(access point) という名称が用いられるようになった。「件名標目」という語もいずれは「主題に対するアクセスポイント」という意味合いの別の語に置き換えられていくことも考えられる。
2)　本章では，情報サービスの観点から情報資源の組織化と提供に限定して概略を述べる。図書館におけるこれらの理論的背景，実務，ツールの使用法については，本シリーズ第 3 巻『情報資源組織論』を参照していただきたい。
3)　国立国会図書館が作成する MARC は JAPAN/MARC である（第 7 章参照）。そのほか国内で主流の MARC としては TRC MARC（図書館流通センター）などがある。
4)　JapanKnowledge（ジャパンナレッジ）は，株式会社ネットアドバンスが提供している「知識探索サイト」である（契約図書館；個人の契約者のみ利用可）。百科事典や言語辞典，各分野の専門事典類といったレファレンスツールだけでなく，『東洋文庫』『新編 日本古典文学全集』など電子書籍も収録している。https://japanknowledge.com/ ('24.1.23 現在参照可)。
5)　LibrariE は，株式会社日本電子図書館サービスが提供している電子図書館サービスである（契約図書館においてサービス登録者のみ利用可）。書誌データには NDC が付与されているが，検索用の分類（ジャンル）は LibrariE 独自のものである。https://www.jdls.co.jp/ ('24.1.23 現在参照可)。
6)　国立国会図書館ダブリンコアメタデータ記述（DC-NDL2011 年 12 月版）https://www.ndl.go.jp/jp/dlib/standards/meta/index.html ('24.1.23 現在参照可)。
7)　これら特殊コレクションはその取扱いの点から別置をすることが多いが，分類する際にも NDC には「090 貴重書，郷土資料，その他の特別コレクション」という分類項目が設けられ，無理に主題に分けるよりもより効率的に配置できるようになっている。

12 発信型情報サービスの意義と方法

　本章では，電子情報技術を利用した新しい情報サービスの形態，とくにインターネットを通じた発信型情報サービスのあり方について述べる。ここでは，アウトリーチ，コミュニケーションの場所としての図書館への誘導，情報のユニバーサルデザインという3つの観点が重要となる。

第1節　発信型情報サービスの意義

　図書館は単に情報を仲介したり，利用者から求められた情報を受け身的に提供したりするだけの機関ではない。非来館者に対しても，ニーズを掘り起こし，生活の質を高めるために図書館を利用してもらえるよう，積極的に発信型情報サービスをおこなっていくことが求められる。その際，図 12-1 のようなかたちで，以下の3つの点に留意する必要がある。

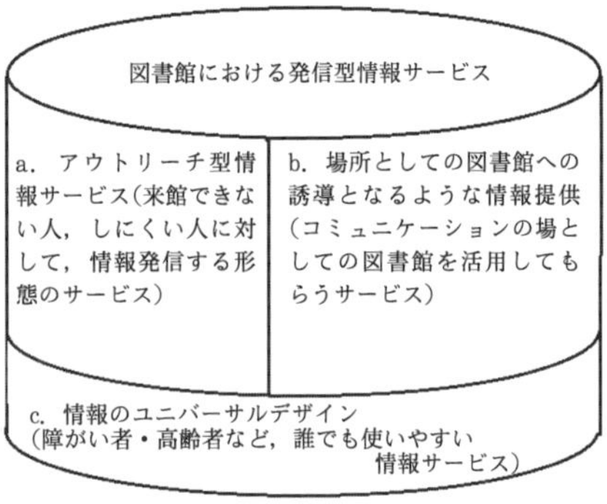

図 12-1 の内容：

図書館における発信型情報サービス

a. アウトリーチ型情報サービス（来館できない人，しにくい人に対して，情報発信する形態のサービス）

b. 場所としての図書館への誘導となるような情報提供（コミュニケーションの場としての図書館を活用してもらうサービス）

c. 情報のユニバーサルデザイン（障がい者・高齢者など，誰でも使いやすい情報サービス）

図 12-1　発信型情報サービスの3つの観点

a．アウトリーチ

　第一に，アウトリーチの観点である。アウトリーチ（outreach）とは，簡単にいえば図書館の利用に不便がある人々に対して，図書館側が出前出張サービスをおこなうことである。来館せずとも図書館を利用できるよう，遠隔利用者の便宜を図ることがアウトリーチサービスである。従来は移動図書館（ブックモビル，BM，bookmobile）で図書を運ぶ巡回サービスなどをさしていたが，現代では，本の宅配等とともに，インターネットを通じて，遠隔地にいる人々，開館時間内には来館がむずかしい就業者，そして身体的な障がいのために図書館への来館がむずかしい人々などへ図書館側から積極的に働きかけることが求められる。

b．場所としての図書館への誘導

　第二に，「コミュニケーションの場所」としての図書館の機能を紹介し，来館に結びつく情報を積極的に発信することが重要である。これは，第一の観点とは相互補完的な意味合いをもつ。「図書館の本質は建物ではなく，人と資料・情報資源とを結びつける機能である」（本書第1章）と同時に，そこから新たな出会い，新たな情報（心のなかの有意義な意味作用），利用者同士のコミュニケーションが生まれてくる場でもある。「滞在型図書館」は，現代社会の知的オアシスでもある。その意味で　図書館が「場の演出機能」を発揮して「居心地のよい空間」を提供し，図書館へと利用者を導くための働きかけをおこなうこともまた，情報サービスの要点となる[1]。

c．情報のユニバーサルデザイン

　第三に，障がい者，高齢者などの利用に配慮し，情報のユニバーサルデザインに留意すること を忘れてはならない。そもそも，図書館は，そうした「情報弱者」になりやすい人々に対して， ほかの施設よりも細心の注意を払うべき機関である。したがって，情報のユニバーサルデザイン を土台にしたうえで，上述した「アウトリーチ」「場所としての図書館への誘導」が，より意味 をもつようになるのである。その意味で図書館員には，たとえば点字資料に書かれていることが 理解できる程度の点字の基礎知識も必要とされる（巻末資料4）。

　今や超高齢社会（人口の5分の1以上が65歳以上の高齢者である社会）に突入した日本では，文 字どおり，「ユニバーサル（誰にでも使える）」サービスが必要であり，それは簡単に利用できる ようにシンプルで，しかも利用することが楽しく，見た目もおしゃれなものでなければ，一般の 人々の間に広まらない。「障がい者専用の情報機器は高すぎる」という点も，電子メディアの活 用によって克服することができる。本章第2，3節で言及するWebやソーシャルメディアを通 じた発信型情報サービスであれば，コストが比較的少なくて済む[2]。

 第2節 **Webサイトを通じた発信型情報サービス**

a．Webサイトを通じた情報発信のコンテンツ

　Webサイトを通じた情報発信は，図書館が不特定多数の人々に働きかけるために適した手段 である。図書館Webサイトについては，次のように掲載すべきいくつかの要素（コンテンツ，内 容），そして，いくつかの留意点がある。掲載すべき要素は，大きく分けて以下の3つである。

表 12-1　図書館 Web サイトに掲載すべき要素

① 長期的コンテンツ：図書館の概要，利用法，アクセス，サービス案内を掲載する。
② 短期的コンテンツ：時宜に即した資料の紹介，新規サービスの紹介，イベントの紹介 をおこなう。
③ ブログやX（旧Twitter）との連動：図書館側からの迅速な情報発信，利用者とのコ ミュニケーションツールとして利用できる。

b．Webアクセシビリティの確保

　ここでは，とくに「情報のユニバーサルデザイン」の観点を中心に指摘しておきたい。図書館 が公共機関であるという特性から，Webサイトを通じた図書館の情報発信に関しては，「Web アクセシビリティ」（誰でもWeb上のコンテンツ・内容に，アクセス・到達できるようにしておく仕 組み）を確保する配慮を欠かしてはならない。本書第1章でも述べたように，単においてあるだ けで認識されていない情報は，本当の情報とはいえない。それは，単に電気信号の配列という物 体（しかもアクセスできないところにあるもの）にすぎない。

　Webアクセシビリティを確保する指標として，JIS X 8341-3：2010（日本工業規格　高齢者・ 障害者等配慮設計指針　第3部：ウェブコンテンツ　2010年制定）がある[3]。JISで定めるというこ

とは，「公共機関は，これに準拠するよう努力することが求められる」ということである。JIS X 8341-3 は，「Web JIS」「Web コンテンツ JIS」などとも呼ばれる。国際的には，W3C（World Wide Web Consortium）という国際団体が勧告している WCAG 2.0 という基準があり，Web JIS もこれに準拠しながら，日本語 Web サイトの特性を考慮した内容となっている。

表 12-2　日本国内と国際的な Web アクセシビリティ基準

	日本国内の Web アクセシビリティ基準	国際的な Web アクセシビリティ基準
名　称 （略称）	JIS X 8341-3：2010 （Web コンテンツ JIS，Web JIS）	Web Contents Accessibility Guideline 2.0 （WCAG 2.0）
団　体	JIS（日本工業規格）	W 3 C（World Wide Web Consortium）

　たとえば，視覚障がい者の Web サイトの利用を考えた場合，全盲者は主に音声読み上げソフトを使って Web 上の情報をはじめとして，すべてのパソコンの動作に関する情報を入手している（一部，点字ディスプレイなどの機器を併用する利用者もいる）。Web 上の画像は，そのままでは音声ソフトが内容を再現することができない。この場合，Web デザインの段階で，画像とともにその画像を説明する文字列（「代替テキスト」という）を入れておけば[4]，音声ソフトがその代替テキストを読み上げるので，画像の内容が簡潔に理解できる。このような音声ユーザーの利用があることも考慮して，ボタンや写真などの画像には代替テキストを入れることが必須である。Web サイト全体のデザインは，左上から右下に向かって，まず重要なお知らせなどの項目，ついで一般的な内容にリンクするメニュー，最後に広告などをおくようにすることが望ましい。

　また，色覚障がい者に配慮した「カラーユニバーサルデザイン」（CUD，color universal design）も注意点である。たとえば，赤と緑が同じに見えてしまう人は比較的多い[5]のだが，「赤い文字のところは必須事項です」「赤い所をクリックしてください」などの表記は，色覚障がい者にとって，利用しにくい部分である。色だけではなく「形」「絵」で表現するなどの工夫が必要である。

c．Web ユーザビリティとデザイン性の向上

　つぎに，「Web ユーザビリティ」という概念がある。これは「利便性」を表す言葉であり，その Web サイトがもつ多機能性，画面の安定性など，使い勝手のよさを意味している。基本的には，図書館 Web サイトにおいては先に述べた Web アクセシビリティが確保されていることが重要で，その次に，多機能性や，デザイン性の向上を考えていくべきである。だが，アクセシビリティにこだわりすぎるあまり，Web サイト自体がつまらないものになってしまってはいけない。第 1 節で述べたように，利用することが楽しく，見た目もおしゃれなものでなければ，多くの人々には喜んで受け入れられないからである。Web アクセシビリティに配慮しつつも，Web ユーザビリティ（利便性・多機能性・安定性）とファッション的なデザイン性（おしゃれ度，おもしろさ）を高めていくことが必要である。

d．Web OPAC の評価基準・ブレッド（FRED）

　Web ユーザビリティとデザイン性の向上という点をあげたが，とくに図書館が Web を通じて

提供する情報サービスとして欠かせないのは，オンライン蔵書検索機能（OPAC, Online Public Access Catalog）である。

　Web OPAC のデザインに関する評価基準としては，フレッド（FRED）という指標が提唱されている[6]。FRED とは，表 12-3 に示す 4 つの指標の頭文字を取った言葉である。

表 12-3　Web OPAC のデザイン指標「フレッド」（FRED）

①　検索システムの機能の柔軟性（Flexibility）
②　検索システムから利用者への応答（Response）
③　OPAC の検索法についての説明（Explanation）
④　検索システムの機能の多様性（Diversity）

　これら 4 つの基準をすべて満たす Web OPAC を「ブレッド型」，②の要素が欠けているものを「応答欠如型」，③の要素が欠けているものを「説明欠如型」と呼ぶ。

　フレッドは主に，学校図書館や公共図書館の子ども向け Web　OPAC に関する評価基準として提唱されたものであるが，一般利用者向けの Web　OPAC においても同様の配慮は必要である。

第3節　ソーシャルメディア等を利用した発信型情報サービス

a．ソーシャルメディアの活用

　X（旧 Twitter）や Instagram を通じて情報発信する図書館が増えてきている。X では開館時間やイベントのお知らせ，書籍紹介などの投稿が見られる。平塚市図書館では，マスコットキャラクタの「ぶくまる」がお知らせをつぶやく，というかたちをとっている。Instagram では写真がメインになる。館内の書架や展示の様子を写すだけだと，どこも似たような写真となってしまい面白味が少ない。図書館から一歩出て，外の風景や周囲の植物，昆虫，館内でも普段目にしないような部分をクローズアップした写真は興味を持たれやすい。こうしたソーシャルメディアの活用は，若年層にも伝わりやすく，また市民との交流の場ともなりうる。

b．新着図書通知サービス

　カレントアウェアネスサービス（最新情報通知サービス，第 2 章参照）の 1 つに SDI サービス（Selective Dissemination of Information Services，選択的情報提供サービス，または選定情報サービス）がある。これは事前に登録した条件にそって，個々の利用者に異なる最新情報を知らせるサービスである。

　たとえば，東京都調布市立中央図書館では，「新着図書お知らせメール」というサービスを実施している。利用者が事前に登録した条件（NDC の綱目表の分類項目で選択）に該当する図書を図書館が新たに蔵書として受け入れたときに，一日 1 回メールで知らせるサービスである。自分が事前に登録したテーマの図書が入ったときにしか知らされないので便利である。

第4節　パスファインダーを通じた発信型情報サービス

ａ．パスファインダーとは

　パスファインダー（pathfinder）とは，利用者が特定の主題の調べ物にとりかかる際に役立つ手引きを，図書館があらかじめ準備して，一枚ものの印刷物（リーフレット）やWebサイトを通じて提供するものである（パスファインダーの実例は巻末資料5を参照）。1970年ころにマサチューセッツ工科大学で開発され[7]，館種を超えて新しい利用者支援サービスとして広がった。

　日本でも多くの図書館でパスファインダーが作成されており，国立国会図書館は『公共図書館パスファインダーリンク集』を提供している[8]。パスファインダーがWebで公開されていれば，図書館員がレファレンスツールとして利用したり，新たに別のパスファインダーを作成する際に参考にしたりできる。パスファインダーを共有するメリットは大きいので，より多くの図書館Webサイトでパスファインダーが公開されることが望まれる。

ｂ．電子版のパスファインダー

　Webサイトを開設している図書館では，調べ方案内がサイトに掲載され，パスファインダーのような役割を果たしているものも多い。印刷媒体の資料と，Webからリンクがはられた電子資料の両方の情報資源が掲載されており，印刷資料と電子資料の両方の活用を促すようになっている。電子版のパスファインダーは，印刷版のパスファインダーのように，定型化された構成要素，わかりやすい説明，手ごろな短さといった点に注意すると，利用しやすい調べ方案内のページになる。電子版のパスファインダーがWeb上に公開されていれば，来館がむずかしい利用者が図書館Webサイトにアクセスして調べ方の案内を利用することができる。ただし，印刷版を配布する場合も同様であるが，パスファインダーだけでは十分に調べ方を案内できない場合も想定し，「ご不明の点はレファレンスデスクでおたずねください」といったメッセージを添えて，館内レファレンスデスクの利用案内や，Webを通じたデジタルレファレンスサービスへの案内にも導く必要がある。

ｃ．構成要素

　パスファインダーは共通の構成要素を備え，定型化されているので，表12-4にあげる要素を含めて作成することが望ましい。ただし，パスファインダーは，基本的に手軽なリーフレット（紙一枚のみの案内）なので，冗長にならないように，重要度の低い要素は省略してかまわない。

ｄ．作成手順と管理

① パスファインダー全体の基本設計を決める

　図書館ではじめてパスファインダーの作成を開始する場合，パスファインダー全体に共通するタイトルや作成方針，レイアウトなど，全体の基本設計を決める。各パスファインダーには一連の番号をふり，作成年月日を記載する。レイアウトは各要素を見やすく配置し，色のついた紙を用いるなどして，利用者の目を引く魅力的なデザインにする。なお，図書館がはじめて提供するパスファインダーの数が少ないと，なかなか利用者のニーズに合わず，パスファインダーを開始

表 12-4　パスファインダーの構成要素

① 主題：1 つの主題を分割して作成する場合は，分割の番号や分割のタイトルを付ける

② 主題範囲：パスファインダーで取り扱う主題の範囲を明確にする

③ キーワードや分類：OPAC や二次資料の検索に役立つキーワードや分類番号を例示する

④ 入門書や解説書：主題の基礎知識が得られる入門書や解説書を紹介する

⑤ 便覧，百科事典，辞典：下調べに利用できるレファレンスブックがあれば紹介する

⑥ 図書：主題に関係が深い分類番号をあげ，各分類の代表的な図書を例示する

⑦ 雑誌：主題に関係が深い専門雑誌があれば紹介する

⑧ 二次資料：一般的あるいは専門的な書誌やデータベースを紹介する

⑨ 機関や団体：主題に関係が深い機関や団体を紹介する

⑩ リンク集：主題に関係が深い Web サイトを紹介する

する意義が薄れてしまうので，できれば 20 種類程度は準備したい。

② 　作成するパスファインダーの主題を決める

　レファレンス質問が多い主題，地域に関係する主題など，利用者のニーズを考えて主題を選び，他館ですでに作成されていないかを調べる。同じ主題のものがあれば，その内容に自館の事情を追加してパスファインダーを作成すればよいので，作成にかかる負担を軽減できる。

③ 　企画書をまとめる

　作成の目的，利用対象，概要，担当者，日程などを企画書にまとめ，関係者で情報を共有する。パスファインダーを作成する担当者に主題の専門知識があるとは限らないが，職員全員の知識を活用する。情報資源の選定については，その主題の専門家のアドバイスも得られると望ましい。

④ 　掲載する情報資源を決める

　構成要素ごとに情報資源をあげて紹介し，利用者がみつけやすいよう，アクセスできるような手がかりを示す。紹介する情報資源が印刷資料の場合には，所在記号（請求記号）など配架場所に関する情報，電子資料や Web サイトには URL を記録する。自館に所蔵していない印刷資料や契約していない有料の電子資料も，掲載する情報資源の候補として検討する必要があるが，利用者が手軽に利用できる情報資源を優先して選択すると，結果的に，ほとんど自館の蔵書や館内で利用できる電子資料を掲載することが多い。

⑤ 　執筆する

　わかりやすい文章で簡潔に記述する。

⑥ 　配布・公開する

　印刷版のパスファインダーは，利用者が手に取りやすい場所に置いて自由に手に取れるようにしたり，レファレンス質問を受けた際に関連するパスファインダーがあれば手渡ししたりする。自由配布のパスファインダーは，残り部数に気を配り，少なくなったら補充する。電子版のパスファインダーは，利用者が，図書館 Web サイトのトップページからパスファインダーを見つけやすいように表示や位置を工夫する。

⑦　メンテナンスする

　参考情報資源としてあげた Web サイトのリンク切れなど，記載内容が古くなったら速やかに改訂する。定期的に新作を追加し，役目を終えた主題のものは削除して，継続的にメンテナンスすることにより，パスファインダー全体を魅力あるものとして維持することが望ましい。

第5節　新しい情報メディアの導入と紹介

　図書館には，問題解決のための「資料・情報資源の活用」という目的のほかに，さらに進んで，「新しい情報メディアの紹介」という社会的機能も期待される。広告などで目にするだけの情報メディアを，実際に手にして使ってみることで，その情報メディアがどのようなものかを知り，今後の活用法を考える手がかりにすることができる。近年では電子書籍が話題となっているが，これには一般的な電子書籍と，視覚障がい者の利用に適した音声 DAISY 図書，読字障がい者のために開発されたマルチメディア DAISY 図書などがある[9]。

　一般的な電子書籍については，市民に電子書籍を貸し出す電子図書館システムの導入が進んでおり，全国の約 1750 の自治体のうち，2020 年 1 月 1 日には 90 自治体，2024 年 1 月 1 日には 426 自治体と急増している[10]。

　音声 DAISY 図書はデジタル音声図書（DTB, Digital Talking Book）の一種である。視覚障がい者の多くは音声から情報を得る[11]。普通の CD とちがい，音声 DAISY は専用のプレイヤーで再生し，目次から読みたい章や節，任意のページに飛ばして読むことができる。また，音声データを圧縮変換することで，CD よりも多くの音声情報を録音図書として収録することができる。

　マルチメディア DAISY 図書[12] は文字と音声と画像とが同期し，音声で読み上げている箇所の文章のまとまりをマーカーで示してくれる。これによって，字が読みづらく文章を読むのが苦手な障がい（読字障がい）をもつ人々（ディスレクシア）にとっても，読むことが比較的容易になる仕組みがつくられている。一種の電子書籍で CD-ROM で保存利用したり，インターネットで直接配信したりする。わが国で初めてマルチメディアデイジー室を設置したのは，山口県立山口図書館である。ここでは主に教職員向けの研修などがおこなわれているが，一般市民の利用も可能である。また，付き添いの人が同席できるように，一台の PC に 2 つの椅子が用意されている。

　このように，新しい情報メディアについてまだ知らない人たち，利用したことがない人たちに紹介していくことも，図書館に期待される発信型情報サービスの 1 つといえるだろう。

設　問

⑴　公共図書館の Web サイトを，Web アクセシビリティ，デザインのファッション性の観点から比較しなさい。また，公共図書館メールマガジンの内容を比較し，900 字程度で述べなさい。

⑵　インターネットで「成人ディスレクシア tora の独り言」を検索し，ディスレクシアの人々にとってマルチメディア DAISY 図書がどのように役立つか，考察したことを 900 字程度で述べなさい。

参考文献

1.　アライド・ブレインズ『Web アクセシビリティ完全ガイド――2010 年改正 JIS 規格対応』日経 BP 社，2010 年

2.　カラーユニバーサルデザイン機構『カラーユニバーサルデザイン』ハート出版，2009 年

3.　井上智・井上賞子『読めなくても，書けなくても，勉強したい――ディスレクシアのオレなりの読み書き』ぶどう社，2012 年

注）

1）　図書館による「場の演出機能」については，本シリーズ第 1 巻『図書館の基礎と展望』第 2 章第 2 節を参照。

2）　ユニバーサルデザインはかつての福祉の延長ではなく，一般の人々にも喜んで受け入れられるかたちで広まらなければ，そのサービスを提供するうえで，特殊な作業や物品が必要となり，結局，コストが上がってしまうことになる。その点，Web や電子メールを利用した情報サービスであればコストは少ない。ただし，図書館員の仕事は増えるので，その分の人件費はかかる。

3）　「JIS X 8341」の「8341」は，「やさしい」という言葉を数字にあてはめたものである。

4）　(X) HTML タグで表現すると，<img src ＝ "画像ファイル名" alt=" 代替テキストの内容 "> となる。

5）　日本人男性の場合，約 22 人に 1 人が赤系統から緑系統の色の弁別に困難を生じる色覚障がいをもつといわれている（参照文献 2. 参照）。

6）　金沢みどり『生涯学習社会における情報活用能力の育成と図書館』学文社，2012 年，pp.88-96。

7）　鹿島みづき・山口純代「図書館パスファインダーに見る次世代図書館の可能性」『情報の科学と技術』Vol.52，No.10，2002 年，p.527。

8）　国立国会図書館サーチ リサーチ・ナビ https://ndlsearch.ndl.go.jp/rnavi（'24.1.23 現在参照可）。

9）　DAISY とは，Digital Accessible Information SYstem の略で，「アクセス可能な情報システム」の意味。

10）　電子出版制作・流通協議会「自治体の公共図書館　電子図書館サービス（電子書籍サービス）導入図書館 2024 年 1 月 1 日」 https://aebs.or.jp/pdf/Electronic_Library_20240101.pdf（2024 年 2 月 29 日参照）。

11）　視覚障がい者のなかで，点字識字者（点字が読み書きできる人）は 1 割にすぎない。これは後天的に視覚障がい者になる人が多く，指先の感覚が鋭い若いうちに点字を習得できないからである。

12）　マルチメディア DAISY 図書は，主に公益財団法人・日本障害者リハビリテーション協会（リハ協）が作成しているものと，各地のボランティア団体や個人が作成しているものとがある。前者はリハ協のサイトから購入できる。作成方法には大きく 2 種類あり，肉声で読み上げ，テキストと同期させたものをつくる場合は，テキストファイルから XHTML Converter で XHTML 文書を作成し，Sigtuna DAR 3 というソフトで加工する。機械音声を利用する場合は，DAISY Translator 日本語版（Word 2013 対応版）で比較的簡単に作成できる。いずれにしても素人がおこなうのは困難であるため，本格的にマルチメディア DAISY 図書の作成に取り組むには，リハ協が年に数回主催している「マルチメディアデイジー製作研修」の講座を履修することが望ましい。なお，明星大学では，「図書館情報サービス特論及び演習」という司書課程科目でマルチメディア DAISY 図書の製作演習をおこなっている。

13 情報サービスにかかわる知的財産権の基礎知識

　本章では，知的財産権（intellectual property rights）の骨格を示しつつ，図書館での情報サービスに必要な基本的な知識について述べる。

第1節　知的財産権とは

　知的財産権とは，人間の幅広い知的創造活動の成果について，その創作者に一定期間の権利保護を与えるようにしたもので，知的財産基本法（平成14年12月4日法律第122号）によって規定されている。内容は，特許権や著作権（copyright）などの創作意欲の促進を目的とした「知的創造物についての権利」と，商標権や商号などの使用者の信用維持を目的とした「営業標識についての権利」に大別される（図13-1）。知的財産の特徴の1つとして，「物」とは異なり「財産的価値を有する情報」（無形資産）であることがあげられる。1970年代以降2000年代初めまでは「知的所有権」という語が用いられていたが，2003（平成15）年に現在の「知的財産権」に統一された。

　知的財産権のうち，特許権，実用新案権，意匠権および商標権の4つを産業財産権（かつては

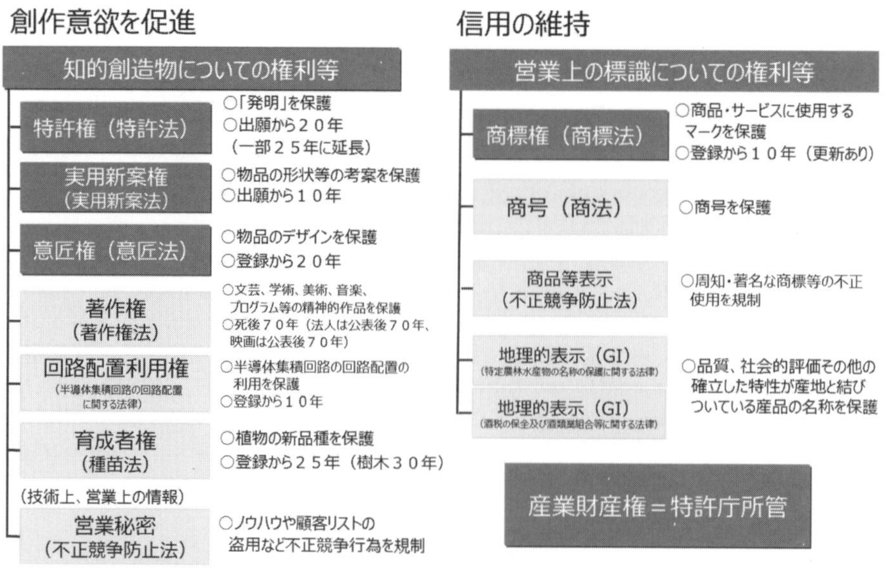

図 13-1　知的財産権の種類

注：■は産業財産権
出典：特許庁「知的財産権について」https://www.jpo.go.jp/system/patent/gaiyo/seidogaiyo/chizai02.html
　　　（'24.1.23 現在参照可）

工業所有権と呼ばれていた）という。これらは，新しい技術やデザイン，ネーミングなどについて独占権を与え，模倣防止のために保護し，研究開発へのインセンティブを付与したり，取引上の信用を維持したりすることによって，産業の発展をはかることを目的にしている[1]。このほか，最近では，技術の進歩によってバイオテクノロジーや医療技術に関する権利，肖像権などが新しい権利として認められている。

　以下では，図書館の情報サービスに関係の深い意匠権と肖像権，および著作権について解説する。著作権では，今後の発信型サービスにとって重要になると思われる公衆送信権を中心に解説する（なお，著作権の基礎的な理解については，本シリーズ第6巻第13章を参照）。

第2節　意匠権

　意匠権を規定するのは意匠法（昭和34年4月13日法律第125号）である。意匠とは，物品あるいは物品の部分における形状・模様・色彩またはこれらの組み合わせや，建築物の形状または画像で，視覚を通じて美感を起こさせるデザインをいい，このデザインに関する権利を意匠権という（同第2条）。同法はもともと物品の保護を前提としていたため，画像に関しては，これまで機器に固定されている画像のみを意匠権の対象としてきた。しかし，2019年の法改正により保護の対象が拡大され，「機器の操作の用に供されるもの，又は機器がその機能を発揮した結果として表示されるもの」（同第2条）も対象となった。つまり，機器にあらかじめ組み込まれていない画像や，インターネットを介して一時的に機器に表示される画像も保護の対象となったということである。

　現在，多くの図書館がウェブサイトを開設して情報発信している。ウェブサイトの画像デザインも保護の対象となったことから，今後図書館では，使いやすく独創的な画像デザインを制作して住民の関心を得，それによって新たな利用が生まれたり，的確なサービスへ利用者を導いたりすることも考えられる。画像デザインの力が期待される。

　意匠登録の要件は，①工業上利用でき量産できるもの，②新規性を有するもの，③容易に創作することができないもの，④先に出願された意匠の一部と同一または類似でないものに限られる

意匠登録 1160659　ブックエンド　　　　　　意匠登録 1367582　拡大読書器

写真 13-1　意匠の登録例

出典：特許庁「意匠登録」
所載：特許情報プラットホーム，https://www.j-platpat.inpit.go.jp/（'24.1.23 現在参照可）.

（同第3条）。具体的には，工業デザイン（自動車，カメラ），ファッションデザイン（帽子，バッグ），テキスタイルデザイン（模様柄や色柄プリント織物），宝石デザイン（指輪，イヤリング）などが該当する。登録されている図書館用品も数多い（写真13-1）。一般に「意匠」というと，固定された形状のデザインを思い浮かべるが，「動的意匠」といって，形状が時間とともに変化するものも含まれる。たとえば，フタをあけると何かが飛び出すビックリ箱や，折りたたみ椅子などがそれに当たる。意匠権の存続期間は，意匠登録の出願日から25年間である（同第21条）。

　これに対して，次のものは意匠登録を受けることができない。①公序良俗を害するおそれのあるもの，②他人の業務にかかわる物品，建築物または画像と混同を生ずるおそれのあるもの，③物品の機能を確保するために不可欠な形状，もしくは建築物や画像の用途にとって不可欠な表示のみからなるものである（同第5条）。

第3節　肖像権

　現在，肖像権を規定した法律は存在しないが，多くの判例により事実上認められた知的財産権として扱われている。肖像権は，みだりに自分の姿を公開等されない権利であり，無断で写真やビデオカメラに撮られたり，それを無断で公表されたり利用されたりすることを禁じることのできる権利である。

　肖像権には，被写体としての権利である人格権と，著名性を有する肖像が生む財産的価値を保護する財産権の2つがある。人格権は，一般人，著名人にかかわらず，すべての人に認められるもので，無断で自分の写真などの肖像を公開されない権利である。財産権は，著名人や芸能人の肖像が生む財産的価値を保護するための権利である。たとえば，著名人には集客力や顧客吸引力があるため，商品に著名人の肖像や名前を付けて宣伝すると経済上の利益をもたらす。現在では顧客吸引力をもつ著名人の肖像や名前を権利として保護する考え方が定着しており，この経済的価値を保護する権利をパブリシティ権と呼ぶ。

　現代はケータイやデジカメで，簡単に誰の写真でも撮ることができ，それを自分のウェブサイトやSNSで公開することが容易になった。しかし，それらに掲載した写真がある人物と特定できる場合は，被写体から肖像権利用の許諾を得るか，個人を特定できないよう顔をぼかすなどの修正を行わないと，肖像権侵害のおそれが生じる。

　最近では，肖像権処理に関するガイドラインを設けている自治体や団体も多い[2]。一例として新潟市の図書館では，①著名人，タレント等のパブリシティ権を配慮する，②一般人では人格権やプライバシー権を配慮する，③個人が特定できる画像等については本人了承の上掲載する，などを掲げている[3]。特に注意が必要なのは③で，閲覧中の利用者や講習会の参加者の顔や容姿を掲載する場合は，前述のように本人の承諾を得る必要がある。写真を撮られることに異存はなくとも，ウェブサイト等で公開されることには同意しない場合もあるためである。図書館のウェブサイトの運営には，こうした細かな配慮を忘れてはならない。

第4節　著作権

a．著作権の構成

　著作権とは，著作物を創作した者，すなわち著作者が有する権利のことである。著作物とは思想または感情を創作的に表現したもので，文芸，学術，美術，または音楽の範囲に属するものをいう。必ずしも文字で書かれたものとは限らず，バレエの踊り方，建築物，地球儀，写真，コンピュータプログラムなども，著作物にあたる。また，巧拙は関係なく，プロの作品でも素人の作品でも，条件を満たせばすべて著作物となる。

　著作権法（昭和45年5月6日法律第48号）では，著作者（作り手）の権利として，著作者人格権と著作権（財産権）とを定めている（同第17条）。著作者人格権は，著作者だけがもっている人格的な利益を保護する権利で，他人に譲渡することはできない。一方，財産的な利益を保護する著作権は，その一部，または全部を他人に譲渡することができる。著作権には，複製権，上演権・演奏権，上映権，公衆送信権，口述権，展示権，頒布権，譲渡権など11種類がある。

　次項では，とくに情報サービスに付随する著作権として，公衆送信権（同第23条）について解説する。

b．公衆送信権

　公衆送信権とは，無線通信または有線電気通信によって，公衆に対して著作物を送信することを著作者が専有する権利である。公衆には，特定かつ多数の者を含む（同第2条）。公衆送信は，公衆に対して同一内容の送信を同時におこなう場合と，公衆からの求めに応じて自動的におこなうものの2種がある。前者のうち，無線通信によるものを放送，有線電気通信によるものを有線放送といい，後者を自動公衆送信という（同第2条）。テレビは放送，ケーブルテレビは有線放送，インターネット上の自分のウェブサイトを閲覧させることは自動公衆送信である。自動公衆送信には，著作物の自動的な送信を可能とするような行為（送信可能化），つまり，インターネット上のサーバーに著作物をおき，利用者が閲覧・ダウンロードできる状態にしておくことも含まれる。

　現在，公共図書館の利用者から，文献をPDFファイルに電子化したものを電子メールに添付して送信することを希望する声が聞かれる。特に2020年以降のコロナ禍ではこれまでのように図書館の利用ができなくなったため，インターネットによる情報収集を求める気運が高まった。図書館資料の一部をコピーすることは，同法第31条の複製に当たるが，それを電子メールに添付して送信する場合は，加えて公衆送信が関係する（同第23条）。したがって公衆送信権について権利者の許諾を得る必要がある。これに関して，2021（令和3）年の同法改正により，一定の要件を満たした図書館では，権利者の利益を不当に害さない範囲で，権利者に補償金を支払うことにより著作物の一部分を公衆送信できるようになった[4]。一定の要件とは，責任者の設置・職員への研修実施・利用者情報の適切な管理などである。

　一方，大学図書館では，2004（平成16）年以降，大学図書館間のILLについて，FAXや電子

メール添付による文献の送信が可能となった。本来であれば上記のように公衆送信権に抵触するものであるが，個別の著作権許諾運用を厳密におこなうことは，迅速な情報流通の妨げになる。そこで，国公私立大学図書館協力委員会と著作権管理団体である日本著作出版権管理システムおよび学術著作権協会との間で「大学図書館間協力における資料複製に関するガイドライン」が結ばれ，その範囲内であれば個々の許諾手続きなしに送信がおこなえるようになった[5]。

第5節　パブリックドメイン（public domain）

　本節では，著作権に関連してパブリックドメインを取り上げる。パブリックドメインとは，公有財産の意で，著作権が消滅した状態，または，著作物について著作者が自ら著作権の一部または全部を放棄する意思表示をした状態をいう。誰でも無料で自由に著作物を使うことができる。
　以下，後者の代表的な仕組みを紹介する。

a．クリエイティブコモンズ（Creative Commons）

　クリエイティブコモンズとは，クリエイティブコモンズライセンス（CC ライセンス）を提供している国際的非営利組織とそのプロジェクトの総称である。インターネット時代のための新しい著作権ルールの普及をめざすもので，この条件を守れば，著作者が自分の著作物を自由に使ってよいと意思表示をするためのツールである。作品の利用（再配布やリミックス作品の公開，実演など）のための条件に 4 種類があり（表13-1），これらを組み合わせてできる CC ライセンスは全部で 6 種類である[6]。

表 13-1　CC ライセンスの種類

ⓘ	表　示	作品のクレジットを表示すること
Ⓢ	非営利	営利目的での利用をしないこと
⊜	改変禁止	元の作品を改変しないこと
↻	継　承	元の作品と同じ組み合わせの CC ライセンスで公開すること

出典：クリエイティブ・コモンズ・ジャパン「クリエイティブ・コモンズ・ライセンスとは」https://creativecommons.jp/licenses/，（'24.1.23 現在参照可）.

b．自由利用マーク，EYE マーク

　自由利用マークとは，著作者が，自分の著作物を他人に自由に使ってもらってよいと考える場合に，その意思を表示するためのマークで 3 種類ある（表 13-2 の上 3 つ）。EYE マークは，著作者が視覚障害者のために，録音図書や拡大写本を作成してよいことを表示するマークである（同最下段）。いずれも文化庁が推進している。

表 13-2　自由利用マークと EYE マーク

	「プリントアウト・コピー・無料配布」OK マーク：そのまま「プリントアウト」「コピー」「無料配布」をする場合に限られ，変更，改変，加工，切除，部分利用，要約，翻訳，変形，脚色，翻案などは含まれない。
	「障害者のための非営利目的利用」OK マーク：障害者が使うことを目的とする場合に限り，コピー，送信，配布など，あらゆる非営利目的利用を認めるマーク。変更，改変，加工，切除，部分利用，要約，翻訳，変形，脚色，翻案なども含まれる。
	「学校教育のための非営利目的利用」OK マーク：学校のさまざまな活動で使うことを目的とする場合に限り，コピー，送信，配布など，あらゆる非営利目的利用を認めるマーク。変更，改変，加工，切除，部分利用，要約，翻訳，変形，脚色，翻案なども含まれる。
	EYE マーク：目の不自由な人やその他の理由で活字のままでは本をはじめとする印刷媒体を読めない障害者のために，本等が出版された段階で録音図書や拡大写本を作成してもよいことを著作者が予め宣伝しておくマーク。

出典：文化庁著作権課「『自由利用マーク』について」より作成
　　　https://www.mext.go.jp/b_menu/shingi/bunka/gijiroku/010/03032818.pdf,（'24.1.23 現在参照可）

設　問

(1)　本章であげた意匠登録の例を，身近な商品から探してみなさい。
(2)　著名人の写真を図書館のウェブサイトに掲載するとき，誰の許諾が必要になるかを考え 900 字程度にまとめなさい。

参考文献
1.　小泉直樹著『知的財産法』弘文堂，2018 年
2.　日本写真家協会編『SNS 時代の写真ルールとマナー』朝日新聞出版，2016 年

注）
1)　特許庁「産業財産権について」https://www.jpo.go.jp/system/patent/gaiyo/seidogaiyo/chizai01.html（'24.1.23 現在参照可）。
2)　デジタルアーカイブ学会「肖像権ガイドライン　〜自主的な公開判断の指針〜」
　　https://digitalarchivejapan.org/wp-content/uploads/2021/04/Shozokenguideline-20210419.pdf（'24.1.23 現在参照可），産業能率大学「学生向けソーシャルメディア利用ガイドライン」https://www.sanno.ac.jp/students/snsguide.html（'24.1.23 現在参照可）など多数ある。
3)　新潟市「公式ホームページの考え方：著作権・肖像権について」https://www.city.niigata.lg.jp/homepage/unei/chosakuken.html（'24.1.23 現在参照可）。
4)　著作権情報センター「こんなときあなたは？（はじめての著作権講座Ⅱ）」https://www.cric.or.jp/qa/shigoto/sigoto2_qa.html#q2（'24.1.23 現在参照可）。
5)　吉沢亜季子「大学図書館をめぐる著作権の動向-2」『MediaNet』No.13，2006 年，pp.66-67。
6)　詳しくは次を参照。クリエイティブ・コモンズ・ジャパン「クリエイティブ・コモンズ・ライセンスとは」https://creativecommons.jp/licenses/（'24.1.23 現在参照可）。

14 図書館利用教育と情報リテラシーの育成

　この章では情報リテラシー教育の必要性とサービスの事例を中心に学ぶ。公共図書館のサービスの変遷，図書館利用教育（「図書館利用教育」は「利用教育」「利用者教育」などともいう。ここでは「図書館利用教育」を用いる）が「図書館の使い方」から情報リテラシー教育へと拡大されていく過程を理解し，情報リテラシーを育成するための実践的なサービスを考えてみよう。

第1節　「図書館の使い方」から情報リテラシーの育成へ

a．公共図書館のサービスの変遷

　公共図書館のサービスは，人々の読書活動を支援するための貸出を中心に進められてきたが，生涯学習社会，情報社会の進展とともに課題解決を支援するサービス[1] が求められるようになってきた。暮らしに役立つ情報を提供するサービスとして，法情報，健康情報，ビジネス支援などさまざまなサービスが模索されているが，図書館を使いこなすだけではなく，人々が自らの力で必要な情報を獲得できるよう支援するサービス

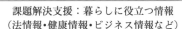

図 14-1　公共図書館のサービスの変遷

の基盤となるのが情報リテラシー教育である。公共図書館は図書館が所蔵する情報源を提供するだけではなく，生涯学習の場として情報リテラシーの育成を図ることが重要な役割となっているといってよい（図14-1）。

b．「図書館の使い方」から「図書館を使う力」へ

　人々が図書館を暮らしに役立つ生涯学習施設として認識し使いこなすには，図書館を利用・活用する方法を理解し習得すること，図書館利用教育が必要である[2]。

　貸出は図書館サービスの基本としてすでに定着しているが，本や雑誌を見たり借りたりすることが主な利用であれば，「図書館の使い方」はあまり複雑である必要はなかった。しかし，社会の情報化と情報源の多様化に対応するためには図書館の利用もより複雑・高度なものとならざるを得ない。利用者が効率的・効果的に図書館を使いこなすには，本・新聞・雑誌やデータベースなどさまざまな図書館情報資源を場面に応じて使い分けること，OPAC の使い方，ホームページにアップされているコンテンツやサービスの活用法などさまざまなことを学ぶ必要がある。

　図書館利用教育は，まずは，「図書館の使い方」を知るためのものから，図書館を使いこなす方法を理解し習得するための「図書館を使う力」を学ぶものへと拡大される。

　さらに，情報環境の変化により，図書館が提供する情報源は図書館のなかにあるものだけでは

なく，オンラインデータベースやインターネットなど図書館の外にあるものともつながり増大し多様化している。レファレンスサービスでも，調べ方案内・パスファインダーの作成でも，これらの外部の情報源も含めることが普通におこなわれるようになった。図書館に来館しなくてもWeb などで参照できる情報源も無数に増えた。このような状況において，図書館がもつ教育機能を存分に発揮すること，すなわち，利用者自らが情報を効率的・効果的に獲得し活用できるよう図書館が支援することは，図書館サービスの1つとして必然なのである。

　情報社会は人々にとって情報の獲得を容易にする有利な面もあるが，情報の氾濫が本当に必要とする情報を見つけにくくしている面もある。また，コンピュータや検索のスキルなどの格差が個人の情報格差（デジタルデバイド，digital divide）を生じている。変動の激しい社会において，情報を活用する力のスキルアップは生涯にわたって不可欠でありそのニーズは高まっている。

　図書館利用教育は「図書館を使う力」から，図書館の外にある情報活用も視野にいれてさらに拡大され，自ら情報を獲得し活用できる力を育むための情報リテラシー教育として展開していくのである（図14-2）。

　これからの公共図書館においては情報サービスの1つとして位置づけていく必要がある。

図 14-2　図書館の使い方から情報リテラシーへ

ｃ．公共図書館における情報リテラシー育成の必要

　情報リテラシーとは何かを公共図書館との関連を中心に述べる。

　リテラシー（literacy）とは，文字の読み書きの能力をいうものであったが，社会的・歴史的な時代背景のなかで多様な使われ方がなされるようになった。情報リテラシー（information literacy）もその1つである。ある分野に関する知識や能力を意味することが多いが，図書館に関連の深いものとしてはコンピュータリテラシー，メディアリテラシーなどがある（『図書館情報学用語辞典』第5版，丸善，2020年）。

　情報リテラシーとは，「さまざまな種類の情報源の中から必要な情報にアクセスし，アクセスした情報を正しく評価し，活用する能力」（『図書館情報学用語辞典』同上）である。「情報活用能力」ということもある。図書館利用教育を広義の意味でとらえる場合には，「情報リテラシー」も含むものとされている。

　米国では，1989（平成1）年に米国図書館協会（American Library Association, ALA）情報リテラシー諮問委員会（Presidential Committee on Information Literacy）による最終報告[3]が発表され，その情報リテラシーの定義「情報リテラシーとは，情報が必要であるという状況を認識し，情報を効果的に探索し，評価，活用する能力」[4]は広く知られている。図書館に限定されたものではなく，人が生涯にわたって情報リテラシーを習得することの重要性について述べられており，その後の情報リテラシー展開の契機となった。

　日本では，1993（平成5）年，日本図書館協会図書館利用教育委員会[5]が発足し，1998（平成

10）年以降，「図書館利用教育ガイドライン」を館種別に公表し（巻末資料8），セミナーの開催など情報リテラシー教育の普及・啓発を図っている。

　文部科学省の施策との関連では，1998（平成10）年に「図書館の新しい役割」として「地域住民の情報活用能力の育成支援」が提言され[6]，2001（平成13）年の「公立図書館の設置及び運営上の望ましい基準」では，「住民の情報活用能力の向上を支援するため，講座等学習機会の提供に努めるものとする」[7]と明確に位置づけられた。さらに同「基準」施行後の社会や制度の変化，新たな課題などに対応して作成された2006（平成18）年の『これからの図書館像：地域を支える情報拠点をめざして（報告）』には情報格差是正などのために情報リテラシー教育をおこなうことが必要となっていることが明言されている[8]。

第2節　公共図書館における情報リテラシーの育成

a．公共図書館における情報リテラシー教育の現状

　学校や大学などにおいても情報リテラシー教育は取り組まれているが，公共図書館においても社会的な要請と利用者ニーズがあることは明らかである。

　一方で，大学のように限定した集団に対して体系的に図書館オリエンテーションなどが実施できる教育機関とは異なり，公共図書館の場合は対象が不特定多数で年齢構成も幅広いことから実施は困難であり，文献や研究が少ないという指摘もある[9]。

　しかし，2011（平成23）年度に実施された調査では，公共図書館においても情報リテラシーを育成する取り組みが形成されていることが報告されている[10]。課題解決支援のために，すでにサービスとして確立している法情報サービス，健康情報サービス，ビジネス支援サービスなど以外にも，暮らしの満足度を高めるような身近に役立つ，必要な情報の獲得・活用を支援するための事例がある。

　『図書館利用教育ガイドライン―総合版―』では，目標として「領域1　印象づけ」「領域2　サービス案内」「領域3　情報探索法指導」「領域4　情報整理法指導」「領域5　情報表現法指導」の5領域があげられている（表14-1）。

表14-1　情報リテラシーの育成―5つの領域と目標の概要―

領域	1　印象づけ	2　サービス案内	3　情報探索法指導	4　情報整理法指導	5　情報表現法指導
目標	図書館があることを認識し，必要な時に利用できることを知る。	図書館のサービスや専門的職員による支援など，利用する方法を学ぶ。	情報の特性と各種情報源の探し方・使い方を知り，情報探索の方法を学ぶ。	メディアの特性に応じた情報の抽出・加工・整理・保存の方法を学ぶ。	各種メディアの特性と活用法を理解し，情報倫理や情報発信の方法を学ぶ。

出典：日本図書館協会図書館利用教育委員会編『図書館利用教育ガイドライン合冊版　図書館における情報リテラシー教育支援サービスのために』[11] 日本図書館協会，2001年，pp.11-17

　実際にサービス展開を図るときには必ずしもこの領域どおりに区分して実施されるわけではなく，たとえば図書館の存在の「印象づけ」と図書館が利用できるようにするための「サービス案

内」は掲示や配布物，ホームページなどによる広報のかたちで不可分に実施される場合もある。また，「領域4 情報整理法指導」「領域5 情報表現法指導」のように，公共図書館では具体的なサービスの方法を見いだすことが課題となるものもある。しかし，情報リテラシー教育は公共図書館だけが担うものではなく，ほかの館種や教育機関も視野に入れて社会全体のなかで連携・協同して取り組まれるべきものである。公共図書館としてできることから取り組み，拡大・充実を進めていくことが大切である。

図書館利用教育を幅広くとらえ，人々が課題解決支援のために自ら必要な情報を探索し，効果的・効率的に獲得できるよう支援することが，公共図書館における情報リテラシー教育の育成・サービスの基軸である。図書館が提供する情報源や調べ方案内・パスファインダーなどのコンテンツは，情報の信頼性が高い。信頼性の高いコンテンツの充実は情報獲得の支援となり，情報リテラシー向上につながる。

b．サービスの事例

規模の大きい都道府県立図書館と政令指定都市の図書館だけではなく，市町村立図書館にもさまざまな事例がある。サーチエンジンで関連するキーワード（たとえば「パスファインダー 公共図書館」や「図書館活用講座 図書館」）を入れ検索すれば，各図書館のホームページから興味深い事例を見つけることも可能である（ただし，講座などは開催終了後にWebから削除されることもある）。ホームページに「事業概要」「業務概要」などの名称で図書館の年間活動報告が掲載されている場合もある。情報リテラシーの育成に関連する講座名などが記載されていることもあるので参考にしてほしい。

つぎに，先の『図書館利用教育ガイドライン―総合版―』を参考に，情報リテラシーの育成を支援するためのサービスの方法・事例を紹介する。

① 紙媒体の利用案内

図書館の利用法を案内する基本となる。ホームページにアップされる内容と重複するが，簡潔でわかりやすいため紙媒体で作成し図書館カード登録時には配布することが多い。大人用，子ども用，日本語以外の言語用など利用対象によって複数の種類を作成する場合もある。館内で随時配布するほか，ほかの公共施設などにも配布して広報に活用される。

②掲示・展示

OPACやデータベースの使い方など検索ツールの利用方法，日本十進分類法の見方（図書館の本の背ラベルの見方を含む）などがある。

③ 日常的なフロアワーク・レファレンスサービス

検索の方法，特定テーマの調べ方など，個別な質問に応じて利用者に直接案内する。

④ 図書館ツアー

内容は図書館の見学だが，書庫を中心とする見学ツアー[12]，見学会と講座の組み合わせなどもある。

⑤ ホームページや「レファレンス協同データベース」[13]によるレファレンス事例の公開

　レファレンス事例は，具体的な課題解決の参考事例となる。

⑥調べ方案内・パスファインダー

　調べ方案内・パスファインダーは従来も紙媒体で作成されてきたが，ホームページにもアップされている場合も多い。「公共図書館パスファインダーリンク集」（国立国会図書館リサーチ・ナビ）[14] に各参加館の事例がリンクされている。子ども対象の調べ方の事例[15] もある。

⑦特定テーマのためのリンク集

　ホームページを活用したサービスだが，リンク切れなど定期的なメンテナンスが必要になる。

⑧　講　座

　以下は，主に個人利用者を対象とした図書館内で開催される講座の一例である。

　・検索スキルのための講座：OPAC 検索，データベース検索，インターネット検索など

　・図書館活用講座：図書館の使い方や利用方法などについて図書館によって内容や「図書館の達人講座」など名称が工夫される場合もある。

　・テーマ別の調べ方講座：本・雑誌・出版情報，健康情報，ビジネス情報，法情報など

　　各講座のなかで情報の評価や著作権の問題が織り込まれることもあり得る。このほか学校支援の一環として図書館職員が学校に出かけて実施するような，図書館の外へ出かける「出前講座」もある。

ｃ．サービス展開の留意点と今後の可能性

　サービス展開のうえで留意しなくてはならないのは，サービス対象の把握である。サービス対象が明確であれば，ニーズに対応してより高い効果を望めるからである。

　対象を絞り込む場合は，年代別（子ども，ヤングアダルト，大人，シニア），あるいは親子向けなどの複数の年代の組み合わせが考えられる。「学校支援」「高校支援」など該当学年によって絞り込むこともある。講座を開催する場合などは，ビジネス情報のように内容によって利用対象を限定する方法もある。

　これまで，個人を対象とする情報リテラシーの育成を中心に述べてきたが，学校支援以外にも，行政支援など特定の恒常的に存在する集団に対するサービス事例もある。たとえば，都道府県立図書館の場合は各自治体内の市町村立図書館職員に対して，さらに，その自治体内では地区館・分館の職員に対してというように，実際には研修のなかに織り込むかたちで実施されているのではないかと考えられる。

　公共図書館の情報リテラシー教育については，試行錯誤のなかで内容と方法が拡充されつつあるが，どの公共図書館でもサービス展開が図れるよう理論形成や具体的な参考事例の集積を進めていく必要がある。

設　問

⑴　身近な図書館をモデルに，図書館の利用者が手に取りたくなる，わかりやすい図書館案内を作成しなさい（A4 版 1 枚。両面印刷可。カットや紙の折り方なども考えてデザインを工夫すること）。

⑵　「公共図書館パスファインダーリンク集（国立国会図書館リサーチ・ナビ）」https://ndlsearch.ndl.go.jp/rnavi/plan/pubpath（'24.1.23 現在参照可）を検索し，利用者にとって役に立つと思われる事例を 5 つ選び，理由を各 100 字程度で説明しなさい。

参考文献

1. 日本図書館協会図書館利用教育委員会編『情報リテラシー教育の実践　すべての図書館で利用教育を』(JLA 図書館実践シリーズ 14）日本図書館協会，2010 年
2. 日本図書館協会図書館利用教育委員会編『図書館利用教育ガイドライン合冊版　図書館における情報リテラシー教育支援サービスのために』日本図書館協会，2001 年

注）

1) 大串夏身「第 1 章　課題解決型サービスを提供する意義」『図書館の最前線 3　課題解決型サービスの創造と展開』青弓社，2008 年，pp.13-20。
2) 日本図書館協会図書館ハンドブック編集委員会編『図書館ハンドブック』（第 6 版補訂 2 版）日本図書館協会，2016 年，p94。
3) Association of College & Research Libraries, "Presidential Committee on Information Literacy: Final Report" https://www.ala.org/acrl/publications/whitepapers/presidential（'24.1.23 現在参照可）。
4) アメリカ図書館協会会長情報リテラシー諮問委員会／大盛善盛訳「情報リテラシー」『同志社図書館情報学』No.8, 1997 年，p23-44。
5) 日本図書館協会図書館利用教育委員会　https://www.jla.or.jp/portals/0/html/cue/index.html（'24.1.23 現在参照可）。参考文献 2 も参照。
6) 文部省：生涯学習審議会社会教育分科審議会計画部会図書館専門委員会「図書館の情報化の必要性とその推進方策について─地域の情報化推進拠点として─（報告）」1998 年 10 月。
7) 文部科学省：生涯学習審議会図書館専門委員会「公立図書館の設置及び運営上の望ましい基準」（文部科学省告示第 132 号）2001 年 7 月 18 日，https://www.mext.go.jp/a_menu/sports/dokusyo/hourei/cont_001/009.htm（'24.1.23 現在参照可）。
8) 文部科学省：これからの図書館の在り方検討協力者会議「これからの図書館像：地域を支える情報拠点をめざして（報告）」2006 年 3 月，https://warp.ndl.go.jp/info:ndljp/pid/1621348/www.mext.go.jp/b_menu/houdou/18/04/06032701/009.pdf（'24.3.24 参照可）。
9) 野末俊比古「情報リテラシー教育：図書館・図書館情報学を取り巻く研究動向」『カレントアウェアネス』No.302, 2009 年 12 月 20 日。https://current.ndl.go.jp/ca1703（'24.1.23 現在参照可）。
10) 髙田淳子「公共図書館における情報リテラシー育成を支援するサービス：現況調査をもとに」『日本図書館情報学会誌』60(3), 2014 年 9 月，pp.106-122。
11) 『図書館利用教育ガイドライン』は全館種があるが，一般に知られているのは総合版と大学図書館版で，公共図書館版は活用されておらず，内容的にも限定されていることから，ここでは総合版を参照。
12) 大阪府立中央図書館　地下書庫見学ツアー（毎月開催）　https://www.library.pref.osaka.jp/75222（'24.3.24 参照可）
13) 国立国会図書館「レファレンス協同データベース」https://crd.ndl.go.jp/reference/（'24.1.23 現在参照可）。
14) 国立国会図書館「公共図書館パスファインダーリンク集」（国立国会図書館リサーチ・ナビ）https://ndlsearch.ndl.go.jp/rnavi/plan/pubpath（'24.1.23 現在参照可）。
15) いわてけんりつとしょかん　こどものページ　パスファインダー　https://www.library.pref.iwate.jp/kids/pathfinder_kids.html（'24.3.24 参照可）

15 展　望

　本書では，情報とは何かという基本的問いから始め，図書館における情報サービスの意義，その種類とサービスの実際を学び，さまざまな情報資源の利用法を学習した。今後，IT 社会と呼ばれる時代にあって，情報サービスはどうあるべきか，図書館や図書館員がなすべきこと，求められていることは何か——本章では，これまでの学習をふり返りながら，未来の図書館と図書館員の姿を描いてみよう。

第1節　IT 社会と図書館

a．情報資源の多様化と情報サービスの目的・理念

　1990 年代まで，図書館で提供する資料は紙媒体のものが中心であった。現在では，それに加えて，辞書や百科事典なども電子化が進み，電子書籍，電子ジャーナルやデータベースなど，インターネットを介して利用できる情報資源が急増しており，利用者への情報サービスも，これら電子的な情報資源を取り込んでおこなうことがもはや一般的となっている。今後はソーシャルメディア等の活用もさらに増えると予想される。

　しかし，図書館の扱う資料・情報の媒体が変化しても，情報サービスの目的・理念は変わることはない。情報サービスの目的とは，利用者が求める資料や情報を入手できるように支援することである。利用者ニーズを丁寧に聞き取り，それに的確に応えることによって，図書館は利用者の信頼と評価を得ることができる。

b．ハイブリッド図書館

　図書館では，前述のように電子的な情報資源が増加する傾向にある。近年では，自館所蔵の古地図，古文書，写真・絵などの郷土資料をデジタル化し，提供している図書館も増えている[1]。これは，資料の劣化や散逸を防ぎ，広く市民に公開するという趣旨による。

　デジタル化が進んでくると，最先端の IT の活用と電子的な情報資源を提供する図書館を，よい図書館と考えがちである。しかし，これは必ずしもそうとはいえない。また，現在図書館で所蔵している紙媒体資料すべてをデジタル化していくべきかというと，それも現実的ではない。紙媒体，電子媒体にはそれぞれに特性があり，電子媒体のほうが適切とはいえない場合もある。大きな図表を見る際には，一覧性（または通覧性）という点で紙媒体のほうがすぐれている。また，まとめて数日分の新聞を読む必要が生じた場合は，紙媒体のほうが長時間読んでいても眼が疲れないことから，紙媒体を利用する人が多いという報告もある[2]。さらに，利用者には乳児から高齢者までいること，障がいにより電子媒体の利用が困難な人もいること，そして電子化には費用がかかることなどを考え合わせると，既存の資料でデジタル化されるものは，それぞれの図書館

で選択した一部のみに限られてくる。今後，図書館は，従来の紙媒体と電子媒体とが共存するハイブリッド（混合型）図書館となっていくだろう。

第2節　これからの情報サービスに必要なもの

　今後，図書館はハイブリッド図書館になっていくだろうと述べた。その中で今後，図書館がおこなう情報サービスの方向性と，図書館員のなすべきことを考える。

a．電子書籍の特性と使い方を知る

　わが国の電子出版市場は急速に拡大している。電子出版の市場規模は，2010（平成22）年度には出版市場全体のわずか3%程度にすぎなかったが，2022（令和4）年度には30.7%へと，急成長を遂げている[3]。紙の本を読む時代から，携帯電話やタブレット型端末で本を読む時代が近づいてきている。図書館員には，それへの対応が否応なく求められることになる。電子媒体は，「機器に詳しい人」「ITに強い人」に任せていればこと足りるという時代は終わった。図書館員は，提供する資料の特性と使い方を知っておく必要があり，これは電子媒体に関しても同様である。図書館員誰もがIT対応できる時代へ舵を切らねばならない。

b．信頼できる情報を見きわめる

　近年のインターネットの爆発的な普及は，利用者の情報獲得行動を大きく変えた。利用者はインターネットを介して直接情報源にアクセスして情報を入手するようになり，図書館を経由して情報を入手するというこれまでの行動様式をとる人が少なくなった。しかし，膨大な情報量のなかで，何が重要で何がそうでないのかの判別に苦労している利用者も少なくない。

　インターネット上の情報は玉石混淆といわれる。誰もが発信できるだけに，信頼性の薄い情報や古くなった情報，リンク先の切れた情報も多数混在する。その一方で，官公庁の発表する統計資料や調査報告など，これまでは大規模図書館でなければ閲覧できなかった資料も増加してきた。これらには，そもそも紙媒体のものが出版されないボーンデジタル（born digital，デジタル形式でのみ生産される）資料も多数含まれる。

　インターネット上の情報を提供する際，図書館員にとって重要なことは，まず，それが信頼できる情報かどうかを見きわめることである。これは，それほどやさしいことではない。日ごろからインターネット上の情報をチェックし，情報の質を確認しておく必要がある。たとえば，国や都道府県など公的機関の報告や解説なのか，それとも特定の団体や企業，または個人の意見なのか，また，10年前の情報なのか，つい最近の情報なのかなど，確認すべき点は多い。一般に公的機関の発信する情報は信頼性が高いが，それ以外では，根拠の薄い情報や，真偽を確かめられない情報が混じっていることがある。ただし，なかには団体や個人の意見であっても，豊富な知識と事例にもとついて客観的に述べているものもあり，それらはおおいに役に立つ。

　こうして，情報の質を見きわめたうえで，利用者が個人で入手できる以上の情報を収集し，編集し，利用者の要求に合ったかたちに加工して提供することが求められる。たとえば，地域の行

政情報を収集して抄録化（＝要約・抜粋）し，これらを出典を明示したうえで図書館のサイトに転載したり，社会で話題になっているテーマについて，資料リストとその所蔵館を載せたガイドを作成して提供することなどが考えられる。元の情報に対してのさまざまな付加価値（個人ではおこなえない図書館ならではの情報加工の付与）が提供されることで，利用者が入手できる情報の質と量は一段と向上するだろう。このようにして初めて，分散していたさまざまな断片的な情報は，利用者の求める役立つ「情報」となっていく。また，図書館員の側にしても，日常のこうした作業を積み重ねることによって，自分自身の知識・技術が磨かれ，自身の情報リテラシーが向上するようになるのである。

b．デジタルレファレンスサービスを切り札に

　2000 年代半ば以降，インターネット上の Q&A サイトの人気が高まっている。Q&A サイトとは，簡単な登録で誰でも質問でき，ほかの登録者や専門家から回答を得ることができるものである。質問への回答が得られるという点で，図書館のレファレンスサービスに近い。本節では，図書館での対面式および Q&A サイトの正答率と，公共図書館がインターネットを介しておこなうレファレンスサービス，すなわちデジタルレファレンスサービス（DRS）の正答率を比較した論文[4] を通して，今後の図書館のレファレンスサービスのあり方を考えたい。

　この論文によれば，質問に対する A 判定（正しい答えを完全にかつ直接示され，誤答はなかった）の正答率は，市区立の図書館の DRS が57.1%，同対面式が52.1%，Q&A サイトが43.3% である。これらに B 判定（正しい答えを完全に含む資料・ページ・方法が示され，容易に答えを得ることができ，誤答はなかった）の正答率を加えると，比率は順に85.7%，62.5%，56.6% となる。DRS の方が，全般に Q&A サイトより正答率が高い。また，DRS 未実施館の対面式の A・B 判定の正答率（57.7%）は Q&A サイトと変わらないが，実施館のそれは87.5% で，Q&A サイトより統計的に有意に高いことが明らかになっている。DRS を実施している市区立の公共図書館はまだきわめて少ないが[5]，先陣を切って DRS に取り組んでいるだけに，全体にレファレンスサービスに対して意識が高く，この論文の著者らはそうした意識の高さが対面式でも発揮され，きわめて高い正答率につながったと推察している。

　以上の結果から，図書館では DRS を実施できるくらいレファレンスサービスに熱心に取り組めば，高い正答率を示すことができ，Q&A サイトを超える可能性があるということになる。図書館にとってインターネットは，図書館サービスの可能性をひらく，または拡大できる時代が到来したと受け止める図書館員は多い。DRS が図書館サービスにとって新しい切り札となっていくことが期待される。なお，関東 7 都県における DRS の実施状況を表 15-1 に掲げる。

　以上，デジタル社会における図書館員のなすべきことについて述べてきた。図書館員は十分な知識と技術をもち，それらを目的に応じて使いこなせる能力が必要である。では，図書館員の情報リテラシーを客観的に測る尺度はあるのか，また，目標にすべき修得レベルは示されているのかを次節で説明しよう。

表 15-1　関東 7 都県における DRS の実施状況

	都道府県立		市区立		町村立	
	館　数	実施館（%）	館　数	実施館（%）	館　数	実施館（%）
茨　城	1	1 (100.0)	33	3 (9.1)	7	1 (14.3)
栃　木	2	2 (100.0)	13	3 (23.1)	14	2 (14.3)
群　馬	1	1 (100.0)	12	0 (0.0)	10	0 (0.0)
埼　玉	1	1 (100.0)	40	5 (12.1)	20	0 (0.0)
千　葉	1	1 (100.0)	33	3 (9.1)	9	1 (11.1)
東　京	1	1 (100.0)	49	14 (28.6)	3	0 (0.0)
神奈川	1	1 (100.0)	19	3 (15.8)	12	0 (0.0)
合　計	8	8 (100.0)	199	31 (15.6)	75	4 (5.3)

出典：辻慶太［ほか］「公共図書館デジタルレファレンスサービスの正答率調査：対面式及び Q&A サイトとの比較を通じて」
　　　『図書館界』Vol.62 No.5, 2011 年 7 月, p.350 より。

第 3 節　情報の専門家として

a．情報サービスを担う人材の育成

　情報サービスを担うのは図書館員であり，サービスの内容や質はそれを提供する個人の力量に負うところが大きい。したがって，情報サービス提供者の育成は今後の図書館におけるサービス全般の成否に大きく影響する。

　一般に，人材育成には，① OJT（On-the-job-training，職場で日常業務につきながら上司や先輩によっておこなわれる教育訓練），② Off-JT（通常の業務を一時的に離れて受ける教育訓練），③自己啓発（職員・社員が自らの能力開発のためにおこなう学習活動や技能修得活動）の 3 種がある。以下では，自己啓発の 1 つである資格取得に関して，そのなかでも，本書の読者が受験できる試験を紹介する。受験をきっかけに，多くの知識・技術を修得して情報リテラシーを高め，この先の進路にぜひ役立ててほしい。

b．検索技術者検定

　検索技術者検定[6]とは，情報科学技術協会（INFOSTA）が主催している検定試験制度で，データベース検索の知識について認定するものである。2024（令和 6）年度から，1 級・2 級・準 2 級・3 級という 4 つのレベルが用意されている。

　図書館への採用に際して，検索技術者検定試験に合格しているかどうかを確認される場合もある。図書館勤務を希望するならば，ぜひ受験しておきたい。

　なお，INFOSTA では，情報リテラシー向上に役立つさまざまな研修会・セミナーも実施している（詳しくは，INFOSTA ホームページ「研修会・セミナー」https://www.infosta.or.jp/seminars/ 参照）。

c．デジタルアーキビスト

　日本デジタルアーキビスト資格認定機構が主催する資格取得講座では，録画講義の視聴とオンライン講義の受講後，試験に合格すると「デジタルアーキビスト」または「準デジタルアーキビスト」の資格が取得できる。大学生が受講できるのは「準デジタルアーキビスト」のみなので，まずはそこから挑戦してほしい[7]。

第4節　文化の継承者として

　先人から受け継いできたように，私たちは，受け継いだ文化を次世代に確実に渡さなければならない。文化をつくるのは今を生きる世代であり，それを活用し，さらに発展させ深化させるのは，社会の中枢を担う世代と，それに続く若い世代である。

　文化は，古来より人々が生み出してきた知識と芸術の集成である。図書館はそれを体現したものの一部を収蔵する場であり，日々創造される新しい知識の獲得を保証する場でもある。図書館は，過去と未来の橋渡しの重要な役目をもつ。図書館の情報サービスは，その橋渡しの一部門である。利用者の広範な情報ニーズに適切，迅速，十分に応えることは，文化の継承にかかわる者の責務であり目標でもある。

設 問

(1)　最新の電子書籍市場の動向について書かれた記事や報告を読んでみよう。
(2)　検索技術者検定のサイトから，体験版と過去問を探して解いてみよう。

参考文献
1.　木本幸子『図書館で使える情報源と情報サービス』日外アソシエーツ，2010年
2.　原田智子［ほか］『情報検索の基礎知識』新訂2版，情報科学技術協会，2011年

注）
1)　ADEAC（アデアック）https://adeac.jp/（'24.1.23 現在参照可）では，全国の公共機関が作成・公開しているデジタルアーカイブを検索できる。
2)　村井友子「利用と保存の観点からみた新聞媒体のメリット・デメリット：アジア経済研究所図書館の経験から」『専門図書館』No.250，2011年，pp.23-30。
3)　カレントアウェアネスポータル　2023年1月27日　https://current.ndl.go.jp/car/171560（'24.1.23 現在参照可）。
4)　辻慶太［ほか］「公共図書館デジタルレファレンスサービスの正答率調査：対面式及びQ&Aサイトとの比較を通じて」『図書館界』Vol.62，No.5，2011年，pp.348-363。
5)　同上の調査によれば，DRSを実施している関東地方の図書館は，都道府県立図書館で8館中8館，市区立図書館で199館中31館，町村立図書館で75館中4館である。同上，p.350。
6)　情報科学技術協会「検索検定（正式名称：検索技術者検定）」https://www.infosta.or.jp/examination/（'24.1.23 現在参照可）。
7)　日本デジタルアーキビスト資格認定機構「資格取得講座」https://jdaa.jp/course（'24.1.23 現在参照可）。

巻末資料

| 資料1 | 中田邦造「読書の意義を省みて図書館関係者の任務をおもう」（第1章関連） |

＊文中の「……」は中略を意味する

1－A（中田 1980a）
梶井重雄編［中田邦造著］「読書の内面的意義を省みて図書館関係者の任務おもう」『中田邦造：個人別図書館論選集』東京：日本図書館協会，1980（初出『石川県立図書館月報一月号～九月号』，1926 年）

1－B（中田 1980b）
梶井重雄編［中田邦造著］「図書館の対象学について」『中田邦造：個人別図書館論選集』東京：日本図書館協会，1980

（初出：中田邦造「図書館の対象学について」『図書館研究』XI－1, 1938）

1－C（中田 1980c）
梶井重雄編［中田邦造著］「町村図書館の経営方法」『中田邦造：個人別図書館論選集』東京：日本図書館協会，1980

（初出：中田邦造「町村図書館の経営方法」『図書館雑誌』第 35 巻第 1 号, 1941）

1－D（中田 1978）
中田邦造著『復刻図書館学古典資料集　公共図書館の使命』東京：日本図書館協会, 1978（初出：中田邦造著『公共図書館の使命』金沢：石川県社会教育課, 1933）

「我々が理想として考え得るごとき図書館の姿とは……人類文化の抜粋として……人類の自己教養を促進し……自由人の生活規範となり，人類発展の大道を明示するものである。図書館がかくのごとき本質を発揮し得るためには，何を必要条件とするであろうか。その第一は哲学である。図書館と一概に言うも，それには許多の種類あることはいうまでもない，けれどもそれらがすべて図書館なる名をもって呼ばれ得る所以のものは，そこに根本的に通ずるところがあるからである。それはすなわち図書館の生命となるものでなくてはならぬ。各種の図書館は各自の目的をもっているはずである。この普遍的なる図書館の使命を自覚し，各自の目的を高く掲げて立つところ，そこに哲学が生れる。これは図書館成立の根本要件である。これの有無は図書館をして人格の庵（いおり）たらしめるか，本箱たらしめるかの別を生ずる。」（中田 1980a, pp.37-38）

「図書とは何ものであるか。活字の跡（あと）に満ちた紙片の綴（つづり）を指してこれに答える人とは，しばらく言葉を交えることを差し控えたい。「文は人（ひと）なり」と言った人がある。私はこの人と最初の言葉をを交えよう。……文とは何か，人とは何か。思うに，文は意味であり，

意味は心であり，心は人である。」（中田 1980a, pp. 7-8）

「図書の本質が文として現れたる人と見らるべきことは容認せられるにしても，音楽も劇も日常の言行も，また人の表現として見られるならば，両者は如何に区別せられるであろうか？図書は人の表現形式として，他の諸形式に対して，如何なる特質を有するであろうか。更に同じく図書というも，その内容は多様である。……かくのごとき広大なる範囲にまたがる図書が一様に図書と呼ばれる所以の特質はいずれにあるであろうか。」（中田 1980, pp.13-14）

「一概に図書というも内容的には無限に区別せらるべきであるが，図書の本質たる一人格の表現としての内面的統一を有せず，糊（のり）と鋏（はさみ）とによって作られたるごときものは別として，いやしくも一事一道の内容を表現し，不完全ながらにも図書と呼ばれ得るものならば，それは必ず人格的統一点から生み出され，一義をもって貫かれているのである。……一事一道においても，その生命となる所の根源を，何らかの程度において自覚せる者でなければ，その領域に属する内容を内面的統一をもって表現することはできない。されば図書は図書化せられざる人格内容よりも高次的である。……さればこそ図書による表現は同じ内容の他の表現よりも一般性客観性をもち，指導力を含んでいるのである。」（中田 1980a, pp.16-17）

「書を読むとは何事か。例えば紙上に書かれたる「柳緑花紅」（りゅうりょくかこう）を読むとは如何なることであろうか。……これらの文字をそれとして読めば，言うまでもなく柳葉の色が赤でもなく黄でもなく緑色であること，花の色が青でもなく紫でもなく紅であることを意味しているに過ぎないが，この四文字の一連よりなる一文が意味するところはそれだけではない。……眼横鼻直と柳緑花紅とは文字としては似ても似つかぬものであるが文としては大いに通ずるところがある。通ずるところはこの表現に包含せられている心境である。文を読むとはこの心境に触れること，すなわち図書に含まれたるこの心境を自己の内に再現してみることである。」（中田 1980a, p.19）

「文字の関係より成る文，更にその体系としての図書においては，その内面的統一性を発見し得るのでないならば，いまだそれを読み得たりとは言い得ない。図書が……自由なる人格の固定的表現であると見得るならば……これを読むとは……この人格の力を固定的なる姿から喚（よ）び起し，流動性を復活し，その自由を再現してみることにほかならない。」（中田 1980a, pp.19

-20)

「図書館とは何であるか，という問は……図書館が現在如何なる姿をしており，何人により如何に運営されているか，というようなことに関するものではなくて，それがもち得る永久的意義を探索せんとするものにほかならない。従って理想主義者の言葉を借りて言うならば，「図書館とは如何なるものであるべきか」という問題なのである。しかしながら図書館なるものは，いわゆる理論理性の純粋なる活動の内容ではなくして，全く実践理性の領域内に生れたるものと見らるべきものなる故に，むしろその意味は厳密には「吾等は図書館をして如何なるものたらしむべきか」という意味に解しなければならないのである。」（中田1980a, p.30）

「図書館なるものは，人格の表現たる図書の内面的統一として，静的には人類の記憶とも見られ，動的にはその自己教養活動とも見らるべきものと言ってよかろう。図書館は……一面に創造されたる文化内容であるとともに，他面には……創造的なる文化生産力と見らるべきものである。」（中田1980a, p.36）

「図書館が，今日の実状の示すごとく……人格の種子たる図書を，そのままの姿にて保持しているばかりであるならば，全く作られたるもの以上には出でず，創造力としては無力なるを免れない。」（中田1980, p.36）

「いちいちの花は皆実を結び，それが枝を離れて独立の生命となるも，もし生命が例えば水中や石上におかれて芽を出し根を張る機会を得ないならば，おそらくはその生命の内容を表現することなく，可能的なる生命のままにして永久に葬られるであろうごとく，図書館においても，それが図書として完成した刹那には現実なる生命活動から切り離され，もしそれが読書によって再現せられぬならば，単に可能的なる人格価値の種子として埋れてしまわねばならぬものである。」（中田1980a, p.22）

「図書は……あたかもすでに枝を離れ，しかもいまだ根を下ろさざる植物の種子のごとく，もし発芽の機会を得るならば，それ自身の内容を展開し，独立なる生命として働き得るごとき個性的人格の種子のごときものである。植物の種子の発芽に土壌を要するごとく，図書は何人かによって読まれ，その心田に根を下ろすことによって，その現実性を獲得し，個人的人格として発動するものである。しかしてかく人格的力を発揮しつつある時こそ，図書は真に図書たり得るのである。図書は常に読書を予想し，読まれんことを要求している。読まれない図書は反古以上のものではない。」（中田1980a, p.31）

「図書館はその本体において，建物でもなければ，単なる文庫でもなく，それらの上に立つ働であるが，その働を負うものは，言ふまでもなく図書館員である。……図書館員の仕事は，単に図書を図書として取扱ふことにあるのではなく，図書と人とを結びつけるところにある」（中田1978, p.37）

「営造物としての図書館が図書記録を集めて公衆の閲覧に供するというよりは，図書を収集してこれを公衆の閲覧に供することが図書館の本体であると言いたい。図書館とは建物でもなく，蒐書でもなく，経営者の力によって，それらのものを通じて公衆に働きかける継続的な有目的ゝ働きそのものであると見たい。」（中田1980b, p.31）

「図書館精神とは，図書の世界に通じた目をもって対象界をながめた時，両者の結合を図らんとして発動する，やむにやまれぬ文化精神のことである。」（中田1980b, p.31）

「図書館ないし図書館的なるものは，直接間接図書館精神に発している……ここに図書館精神というは，図書を通じて民衆生活の文化的充実を図らんとする生産的なる文化精神のことであって，これは図書館員はもとよりすべての文化的生活者にも宿っているものである。」（中田1980c, pp.111-112）

資料2　NDL-SEARCH（第7章関連）

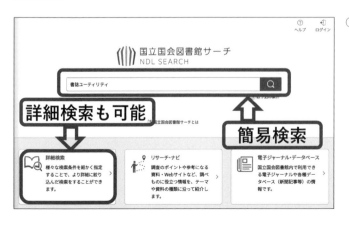

① NDL SEARCH のトップ画面
https://ndlsearch.ndl.go.jp
（'24.1.25 現在参照可）

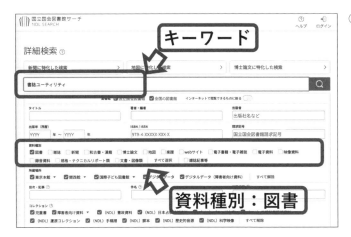

② NDL SEARCH の詳細検索
画面の一部

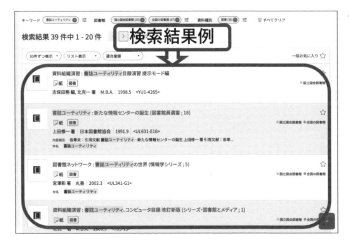

③ ②の検索結果の画面
（詳細検索画面の下部に表示される）

④ ③の検索結果1件目の詳細画面

資料3　主な図書館の OPAC 画面（第7章関連）

■日野市立図書館の OPAC（詳細検索画面）

https://www.lib.city.hino.lg.jp/
licsxp-opac/WOpacTifSchCmpd
DispAction.do
（'24.1.25 現在参照可）

■東京大学附属図書館の OPAC（詳細検索画面）

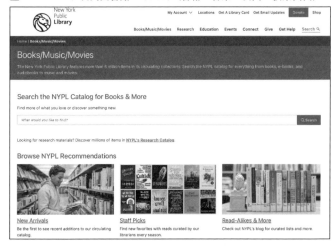

https://opac.dl.itc.u-tokyo.ac.jp/
opac/opac_search/
（'24.1.25 現在参照可）

■ニューヨーク公共図書館の OPAC（書籍・音楽・映画の検索画面）

https://www.nypl.org/books-
music-movies
（'24.1.25 現在参照可）

資料4　点字一覧表（第12章関連）

点字一覧表（凸面）（読む方）

五十音

ア　イ　ウ　エ　オ

カ　キ　ク　ケ　コ

サ　シ　ス　セ　ソ

タ　チ　ツ　テ　ト

ナ　ニ　ヌ　ネ　ノ

ハ　ヒ　フ　ヘ　ホ

マ　ミ　ム　メ　モ

ヤ　　　ユ　　　ヨ

ラ　リ　ル　レ　ロ

ワ　　　　　　　ヲ

ン　　　ッ　　　ー

濁音・半濁音

ガ　ギ　グ　ゲ　ゴ

ザ　ジ　ズ　ゼ　ゾ

ダ　ヂ　ヅ　デ　ド

バ　ビ　ブ　ベ　ボ

パ　ピ　プ　ペ　ポ

拗音など

キャ　キュ　キョ　ギャ　ギュ　ギョ

シャ　シュ　ショ　ジャ　ジュ　ジョ

チャ　チュ　チョ　ヂャ　ヂュ　ヂョ

ニャ　ニュ　ニョ

ヒャ　ヒュ　ヒョ　ビャ　ビュ　ビョ

ミャ　ミュ　ミョ　ピャ　ピュ　ピョ

リャ　リュ　リョ

数　字

1　2　3　4　5　6　7　8　9　0　10　123

アルファベット

a　b　c　d　e　f　g　h　i　j

k　l　m　n　o　p　q　r　s　t

u　v　w　x　y　z　外字符　大文字符

おもな符号

。　、　？　！

「　」　（　）

棒線　点線　第1つなぎ符

出典：日本点字委員会「ルイ・ブライユ生誕200年記念事業」2008年

資料5　図書館の「パスファインダー〈例〉」

■パスファインダーのウェブページ例（山梨県立図書館）

出典：山梨県立図書館
ホームページ
https://www.lib.pref.
yamanashi.jp/teens/
search.html

■パスファインダーの例（福井県立図書館）

出典：福井県立図書館ホームページ
https://www.library-archives.pref.fukui.lg.jp/tosyo/file/614367.pdf

資料6　図書館における情報リテラシー教育支援サービスの目標と方法（第14章関連）

■総合版：目標・方法

	領域1　印象づけ	領域2　サービス案内	領域3　情報探索法指導	領域4　情報整理法指導	領域5　情報表現法指導
目標	以下の事項を認識する。 1. 図書館は生活・学習・研究上の基本的な資料・情報の収集・蓄積・提供機関 2. 図書館は資料・情報の受信・発信・交流の拠点 3. 図書館は種々のメディアを提供する機関 4. 図書館は物理的な空間というより世界に開かれた「情報の窓」 5. 図書館は気軽・便利・快適で自由な休息と交流の場 6. 図書館は個人の知る権利を保障する社会的機関（知る権利） 7. 図書館は生涯学習を支援する開かれたサービス機関（学ぶ権利） 8. 情報活用技能の重要性 9. 図書館の種類と特徴 10. 図書館とそのサービスポイントの所在地	以下の事項を理解する。 1. 自館の特徴 2. 施設・設備の配置（分館、サービスポイントの所在地） 3. 検索ツールの配置と利用法 4. 参考図書・ツールの存在と有用性 5. 利用規定（開館時間等） 6. サービスの種類（貸出、複写、レファレンス、予約、リクエスト、情報検索、相互貸借、アウトリーチ、利用指導等） 7. 対象別サービスの存在（障害者、幼児、児童、ヤングアダルト、成人、高齢者、多文化サービス等） 8. 図書館員による専門的サービスの存在（調査・研究支援） 9. 図書館員による親切丁寧な案内・援助・協力を受けられること 10. 利用マナー 11. 行事の案内（講演会、展示会、上映会、お話し会、ワークショップ等）	以下の事項を理解し習得する。 1. 情報探索法の意義 2. 情報の特性 3. 情報の評価のポイント 4. 資料の基本タイプと利用法（図書、雑誌、新聞、参考図書、AV資料、CD-ROM、オンラインデータベース等） 5. アクセスポイントと使い方（著者名、タイトル、キーワード、分類記号、件名標目、ディスクリプタ等） 6. 検索ツールの存在と利用法（書誌、索引、目録、OPAC、レファレンス・データベース等） 7. サーチエイドの存在と利用法（分類表、件名標目表、シソーラス、マニュアル等） 8. 情報検索の原理（AND/OR/NOTトランケーション等） 9. 情報探索ストラテジーの立て方（一般的、専門的） 10. 自館資料の組織法と利用法（分類、請求記号等） 11. レファレンス・サービスの利用法 12. 他機関資料の調査法と利用法 13. ブラウジングの効用	以下の事項を理解し習得する。 1. 情報内容の抽出と加工（要約、引用、言い換え、抄録、翻訳、解題等） 2. 情報内容のメディア別の記録法（メモ・ノート法、カード記録法、クリッピング、データベースのダウンロード、録音録画等） 3. 情報内容のメディア別の整理法（ファイリング、コンピュータによる加工法等） 4. 資料の分類とインデックスの作成法（キーワード、見出し語の付与等） 5. 書誌事項、アクセスポイントの記載法 6. 発想法（ブレーンストーミング、KJ法等） 7. 分野別・専門別の整理法 8. 情報整理法の意義	以下の事項を理解し習得する。 1. 情報倫理（著作権、プライバシー、公正利用等） 2. レポート、論文、報告書、資料の作成法（構成、書式、引用規則等） 3. 印刷資料の作成法（パンフレット、リーフレット、ミニコミ紙等） 4. AV資料の作成法（ビデオの撮影、編集法等） 5. コンピュータによる表現法（グラフィック、作曲、アニメーション等） 6. コンピュータ・ネットワークによる情報発信（電子メール、インターネット等） 7. プレゼンテーション技法（話し方、OHP、板書法、AV、マルチメディア、学会発表等） 8. 分野別の専門的な表現法 9. 情報表現法の意義

	領域1　印象づけ	領域2　サービス案内	領域3, 4, 5　情報探索法指導　情報整理法指導　情報表現法指導
方法	1. ポスター、ステッカー、ちらしなどによる図書館の存在のアピール 2. 地域、親機関の広報媒体による図書館紹介（社内報、行政広報誌、図書館報、学校・大学新聞、学校・大学案内、ホームページ等） 3. 図書館の位置を知らせるサイン 4. マスメディアでの図書館紹介・ニュース（パブリシティ） 5. 地図・案内図への記載 6. 行事（展示会、講演会、コンサート等） 7. 入社、入学オリエンテーションでの図書館紹介 8. 授業の中で、教員による図書館の意義への言及（学校教育機関で） 9. 自由読書の時間（学校で） 10. 公共図書館の学校訪問 11. 図書館見学 12. ブックトーク 13. コンピュータ・ネットワーク（インターネット等）利用	1. パンフレット、リーフレット（図書館利用の手引き、館報、館内配置図、図書館所在地一覧、サービス別案内、拡大文字・点字・外国語で記された案内等） 2. 案内ビデオ（字幕付、外国語等） 3. 館内サイン（定点、誘導） 4. CAI 5. 図書館オリエンテーション（新入生、新入社員、学年別、クラス・ゼミ別、教職員、研究員、留学生、帰国学生、新規登録者地域のグループ等） 6. 図書館招待（幼稚園児、保育園児、児童・生徒、地域のグループ等） 7. 館内ツアー 8. クイック・レファレンス（案内デスク、フロアワーク） 9. コンピュータ・ネットワーク（インターネット等）による図書館サービスの案内や紹介	1. 講習会、ワークショップの開催（特定情報の探し方、レポートのまとめ方、インターネットの使い方、特定分野に関するCD-ROMの使い方、コンピュータ利用のプレゼンテーション技法等） 2. 独習用ツールの設置（AV、CAI、ワークブック、テキストブック等） 3. パンフレット、リーフレットの配布（パスファインダー、文献・資料リスト、機器・資料の使い方マニュアル等） 4. 機器・資料の使い方サイン 5. 電子掲示板システムの利用 6. コンピュータ・ネットワーク（インターネット等）の利用 7. マスメディアを利用した指導（テレビ番組、ラジオ番組、新聞記事等） 8. 情報生産コーナーの設置（ワープロ、コピー機、ビデオ編集機、コンピュータ等） 9. 発表の場の設定（発表会、展示会、展示・掲示コーナー、新聞、投書箱、電子会議等） 10. 学校教育機関においての独立学科目（図書館利用指導、情報利用教育等） 11. 学校教育機関においての学科関連指導（クラス・ゼミ単位、専門別等） 12. 学校教育機関においての学科統合指導 13. チュートリアル 14. レファレンスでの個別指導 15. 他機関・団体主催の講習・研修会等への出張指導 16. 展示

図書館における情報リテラシー教育支援サービスの目標と方法

■学校図書館版：目標・方法

	領域1 印象づけ	領域2 サービス案内	領域3 情報探索法指導	領域4 情報整理法指導	領域5 情報表現法指導
目標	以下の事項を認識する。 1. 図書館は利用者の年齢にかかわらず、知る権利・読書の自由を保障する 2. 図書館は生活、学習、研究を情報面から支援する開かれたサービス機関 3. 図書館は利用者の自立を支援する教育機関 4. 図書館は憩い、集い、語りうことのできる広場 5. 図書館は種々のメディアを提供する機関 6. 図書館は物理的な空間というより世界に開かれた情報の窓 7. 図書館は気軽、便利、快適で自由な場 8. 情報活用能力（情報リテラシー）の重要性	以下の事項を理解する。 1. 自分の学校の図書館の特徴 2. 施設、設備の配置 3. 検索ツールの配置と利用法 4. 利用規定（開館時間等） 5. 参考図書の存在と有効性 6. サービスの種類（貸出、予約、リクエスト、レファレンス・サービス、情報検索、相互貸借、複写サービス、読書案内、アウトリーチ等） 7. 図書館員による専門的サービスが受けられること 8. 図書館員による懇切、丁寧な案内、支援、協力を受けられること 9. 利用マナー 10. 行事（講演会、展示会、ワークショップ、上映会等）の案内 11. 館種の特徴と役割分担	以下の事項を理解し習得する。 1. 情報探索法の意義 2. 分野ごとの情報伝達形態の違いと固有の資料の存在 3. 情報の特性の理解と評価のポイント（クリティカル・リーディング等） 4. 資料の基本タイプと利用法（図書、雑誌、新聞、参考図書、AV資料、CD-ROM、オンライン・データベース等） 5. 情報機能のアクセスポイントと使い方（著者名、タイトル、キーワード、分類記号、件名標目、シソーラス等） 6. 情報検索の原理 7. 検索ツールの存在と利用法（書誌、索引、目録、OPAC、レファレンス・データベース等） 8. 自館資料の組織法と入手法（分類、請求記号等） 9. レファレンス・サービスの利用法 10. 情報探索ストラテジーの立て方 11. 他機関資料の調査法と利用法 13. ブラウジングの効用	以下の事項を理解し習得する。 1. 情報整理法の意義 2. 情報内容の抽出と加工（要約、引用、パラフレイズ、抄録、翻訳、解題等） 3. メディア別の情報記録の方法（メモ・ノート法、カードの記録法、クリッピング、データベースのダウンロード、録音・録画等） 4. 発想法（ブレーンストーミング、KJ法等） 5. メディア別の情報保管法（AV資料の整理法、コンピュータによる保存管理法等） 6. 資料の分類とインデックスの作成法（キーワード、見出し付与、ファイリング法等） 7. 書誌事項・アクセスポイントの記録法 8. 分野別・専門別の整理法	以下の事項を理解し習得する。 1. 情報表現法の意義 2. 情報倫理（著作権、プライバシー、公正利用等） 3. レポート、論文、報告書等の作成法（構成、書式、引用規則等） 4. 印刷資料の作成法（パンフレット・リーフレット・ミニコミ紙等の編集、印刷、製本の方法等） 5. AV資料の作成法（ビデオの制作・編集法等） 6. コンピュータによる表現法（グラフィック、作曲、アニメーション製作法等） 7. コンピュータによるコミュニケーションの方法（電子メール、インターネット等） 8. プレゼンテーション技法（話し方、資料の提示法→OHP、板書法、ホワイトボード、AV資料、マルチメディア等の活用） 9. 分野別の専門的な表現法

		領域1 印象づけ	領域2 サービス案内	領域3 情報探索法指導	領域4 情報整理法指導	領域5 情報表現法指導
方法	関連なし	1. ポスター、ステッカー、ちらしなどの広告媒体による図書館の存在の印象づけ 2. 校内の広告媒体（学校新聞、校内放送等）による印象づけ 3. 図書館出入口付近のサインの工夫と館外から見える場所での展示 4. 地域の広報チャンネル（ミニコミ、マスコミの地方版等）の活用 5. ブックトーク	1. 新入生オリエンテーション 2. 学年別オリエンテーション 3. パンフレット、リーフレット（「利用のてびき」を含む）の配布 4. サービス案内ビデオの上映 5. AV、CAIによる双方向ディスプレイ等を利用したインフォメーション 6. 館内ツアーの実施 7. サイン計画 8. 窓口での図書館員の対応 9. 投書箱の設置 10. リクエストコーナーの設置	1. パスファインダーの用意と配布 2. 「図書館クイズ」等資料の配置を把握させるためのゲーム等の企画、実施 3. 図書館内オリエンテーリングの実施 4. 独習用、集団用学習ツール（ビデオ、パソコンソフト）の制作と提供 5. 講習会の開催 6. 生徒が自由に利用できる検索システムの導入 7. 最寄りの図書館、資料館、博物館等の類縁機関、その他書店、古書店等の紹介	1. 情報の整理、加工法の独習用、集団用ツール（ビデオ、パソコンソフト）の作成と提供 2. 情報整理、加工に関する学習会および講習会の開催 3. 生徒が利用できる情報整理・加工コーナー（パンチ、ステープラー、その他情報整理、加工に必要な用具を用意。領域5の3と共用になる部分もある）の設置 4. 発想法の独習用、集団用ツール（ビデオ、パソコンソフト）の作成と提供	1. 情報表現法の独習用、集団用ツール（ビデオ、パソコンソフト）の作成と提供 2. 情報表現法に関する学習会および講習会の開催 3. 生徒が利用できる情報生産コーナー（ワープロ、コピー機、印刷機、ビデオ編集装置等を用意）の設置 4. 生徒の発表の場（発表会、討論会、展示会、展示コーナー、新聞、壁新聞、電子会議等）の設置
	関連あり	1. 授業の中で教師による図書館の意義への言及 2. 授業テーマに関連づけたブックトーク	1. 教科別オリエンテーション 2. 授業・レポートに関して、レファレンス・サービスをはじめとした各種図書館サービスが利用できることを生徒に知らせる。またそれらを利用するように教師から指導する	1. 教科の内容と関連づけて、情報探索の方法について、授業時間内に説明し、実習させる 2. テーマ別パスファインダーの提供	1. 教科の内容と関連づけて、情報整理の方法について、授業時間内に説明し、実習させる	1. 教科の内容と関連づけて、情報表現の方法について、授業時間内に説明し、実習させる
		（これらと並行して「関連なし」の方法も実施される）				
	統合	統合的な情報教育のカリキュラムに従って、図書館と教科が相互に協力して、説明し、実習させる 「問題なし」「関連あり」の段階の方法も、そのカリキュラムに従って体系的に実施される				
評価の指標例		1. 学年・クラス・個人別利用率 2. 学年・クラス・個人別貸出量 3. 授業のための科目別図書館利用時間数	1. 好感度 2. オリエンテーションの効果 3. 投書箱への意見件数 4. リクエスト件数 5. 各行事への参加者数	1. レファレンス件数 2. パスファインダー配布数 3. ツールの利用度、効果 4. 催事への参加者数	1. ツールの利用度、効果 2. 催事への参加者数 3. 情報整理・加工コーナーの活用度	1. ツールの利用度、効果 2. 各催事への参加者数 3. 情報生産コーナーの活用度

■大学図書館版：目標・方法

	領域1 印象づけ	領域2 サービス案内	領域3 情報探索法指導	領域4 情報整理法指導	領域5 情報表現法指導
目標	以下の事項を認識する。 1. 図書館は生活・学習・研究上の基本的な資料・情報の収集・蓄積・提供機関 2. 図書館は資料・情報の受信・発信・交流の拠点 3. 図書館は種々のメディアを提供する機関 4. 図書館は物理的な空間というより世界に開かれた情報の窓 5. 図書館は気軽・便利・快適で自由な休息と交流の場 6. 図書館は個人の知る権利を保障する社会的機関（知る権利） 7. 図書館は生涯学習を支援する開かれたサービス機関（学ぶ権利） 8. 情報活用技能の重要性 9. 図書館の種類と特徴 10. 図書館とそのサービスポイントの所在地	以下の事項を理解する。 1. 自館の特徴 2. 施設・設備の配置（分館、サービスポイントの所在地） 3. 検索ツールの配置と利用法 4. 参考図書・ツールの存在と有用性 5. 利用規定（開館時間等） 6. サービスの種類（貸出、複写、レファレンス、予約、リクエスト、情報検索、相互貸借、アウトリーチ、利用指導等） 7. 対象別サービスの存在（障害者サービス、多文化サービス等） 8. 図書館による専門的サービスの存在（調査・研究支援） 9. 図書館員による親切丁寧な案内・援助・協力を受けられること 10. 利用マナー 11. 行事の案内（講演会、展示会、上映会、ワークショップ等）	以下の事項を理解し習得する。 1. 情報探索法の意義 2. 情報の特性 3. 情報の評価のポイント 4. 資料の基本タイプと利用法（図書、雑誌、新聞、参考図書、AV資料、CD-ROM、オンライン・データベース等） 5. アクセスポイントと使い方（著者名、タイトル、キーワード、分類記号、件名標目、ディスクリプタ等） 6. 検索ツールの存在と利用法（書誌、索引、目録、OPAC、レファレンス・データベース等） 7. サーチエイドの存在と利用法（分類表、件名標目表、シソーラス、マニュアル等） 8. 情報検索の原理（AND/OR/NOTトランケーション等） 9. 情報探索ストラテジーの立て方（一般的、専門的） 10. 自館資料の組織法と利用法（分類、請求記号等） 11. レファレンス・サービスの利用法 12. 他機関資料の調査法と利用法 13. ブラウジングの効用	以下の事項を理解し習得する。 1. 情報内容の抽出と加工（要約、引用、言い換え、抄録、翻訳、解題等） 2. 情報内容のメディア別の記録法（メモ・ノート法、カード記録法、クリッピング、データベースのダウンロード、録音録画等） 3. 情報内容のメディア別の整理法（ファイリング、コンピュータによる加工法等） 4. 資料の分類とインデックスの作成法（キーワード、見出し語の付与等） 5. 書誌事項、アクセスポイントの記載法 6. 発想法（ブレーンストーミング、KJ法等） 7. 分野別・専門別の整理法 8. 情報整理法の意義	以下の事項を理解し習得する。 1. 情報倫理（著作権、プライバシー、公正利用等） 2. レポート、論文、報告書、資料の作成法（構成、書式、引用規則等） 3. 印刷資料の作成法（パンフレット、リーフレット、ミニコミ紙等） 4. AV資料の作成法（ビデオの撮影、録音等） 5. コンピュータによる表現法（グラフィック、作曲、アニメーション等） 6. コンピュータ・ネットワークによる情報発信（電子メール、インターネット等） 7. プレゼンテーション技法（話し方、OHP、板書法、AV、マルチメディア、学会発表等） 8. 分野別の専門的な表現法 9. 情報表現法の意義
方法	1. ポスター、ステッカー、ちらしなどによる図書館の存在のアピール 2. パンフレット、リーフレットの配布 3. 大学のサイン計画（図書館までの誘導機能、図書館ゾーン、道路等） 4. 大学広報誌、地域広報誌との連携 5. パブリシティ（マスコミ利用） 6. 地域や他機関からの訪問・見学 7. 学内・地域データベースへの公開 8. 行事（展示会、講演会、コンサート等） 9. 大学ガイダンス、オリエンテーションでの図書館紹介 10. 授業の中で、教員による図書館の意義への言及 11. 会議・会合での図書館への言及 12. コンピュータ・ネットワーク（インターネット等）での案内	1. 図書館オリエンテーション 2. 案内デスク 3. 館内見学ツアー 4. 館内サイン（定点、誘導） 5. 動線計画、設備施設計画 6. 学内図書館所在地一覧 7. 配布物（パンフレット、リーフレット） 8. 案内機器（AV機器、コンピュータ） 9. 学内広報誌 10. 学内データベース 11. コンピュータ・ネットワーク（インターネット等）での案内	1. レファレンスデスクでの指導（参考業務、調査法指導） 2. ワークショップ、講習会 3. ビデオ上映会 4. 学科関連指導（授業、ゼミ） 5. 学科統合指導 6. 独立学科目 7. チュートリアル 8. ゼミ先輩による指導 9. 情報探索独習用ツール（ビデオ、CAI等） 10. ワークブック 11. テキストブック 12. パスファインダー 13. 機器・資料の使い方リーフレット 14. 機器・資料の使い方サイン 15. 電子掲示板システム利用 16. コンピュータ・ネットワーク（インターネット等）利用 17. 学内広報誌 18. マスメディア	1. レファレンスデスクでの指導（参考業務、調査法指導） 2. ワークショップ、講習会 3. ビデオ上映会 4. 学科関連指導（授業、ゼミ） 5. 学科統合指導 6. 独立学科目 7. チュートリアル 8. ゼミ先輩による指導 9. 情報整理法独習用ツール（ビデオ、CAI等） 10. ワークブック 11. テキストブック 12. パスファインダー 13. 機器・資料の使い方リーフレット 14. 機器・資料の使い方サイン 15. 電子掲示板システム利用 16. コンピュータ・ネットワーク（インターネット等）利用 17. 学内広報誌 18. マスメディア 19. 情報整理・加工コーナー設置 20. 展示会	1. レファレンスデスクでの指導（参考業務、調査法指導） 2. ワークショップ、講習会 3. ビデオ上映会 4. 学科関連指導（授業、ゼミ） 5. 学科統合指導 6. 独立学科目 7. チュートリアル 8. ゼミ先輩による指導 9. 情報整理法独習用ツール（ビデオ、CAI等） 10. ワークブック 11. テキストブック 12. パスファインダー 13. 機器・資料の使い方リーフレット 14. 機器・資料の使い方サイン 15. 電子掲示板システム利用 16. コンピュータ・ネットワーク（インターネット等）利用 17. 学内広報誌 18. マスメディア 19. 情報生産・発信コーナー（ワープロ、パソコン、ビデオ、コピー機、印刷機等） 20. 展示会、発表会
評価の指標例	1. 新入生オリエンテーション参加率 2. 利用率（学部生、大学院生、教職員、障害者、外国人、学外者、地域住民等） 3. 一人当たり入館回数 4. 一人当たり貸出冊数	1. 好感度 2. クイック・レファレンス件数 3. 投書箱の件数 4. 催事の参加者数	1. レファレンス件数 2. パスファインダー、参考ツールの利用度 3. 情報探索法独習用ツール利用度 4. 大学構成員の情報発信度 5. 催事の参加者数 6. 研究者と図書館員の共同研究数 7. 学科目の設置率と学生満足度	1. 情報整理加工コーナー利用度 2. 情報整理法独習用ツールの利用度 3. 大学構成員の情報発信度 4. 催事の参加者数 5. 研究者と図書館員の共同研究数 6. 学科目の設置率と学生満足度	1. 情報生産発信コーナー利用度 2. 情報表現法独習用ツールの利用度 3. 大学構成員の情報発信度 4. 催事の参加者数 5. 研究者と図書館員の共同研究数 6. 学科目の設置率と学生満足度

図書館における情報リテラシー教育支援サービスの目標と方法

図書館における情報リテラシー教育支援サービスの目標と方法

■公共図書館版：目標・方法

	領域1　印象づけ	領域2　サービス案内	領域3　情報活用法指導
目標	以下の事項を認識する。 1. 図書館は赤ちゃんからお年寄りまでだれでも使える場 2. 図書館の利用は原則として無料 3. 図書館は生活・学習・研究上の基本的な資料・情報の収集・蓄積・提供機関 4. 図書館は種々のメディアを提供する機関 5. 図書館は気軽・便利・快適で自由な休息と交流の場 6. 図書館は生涯学習を支援する開かれたサービス機関（学ぶ権利の保障） 7. 図書館は物理的な空間というより世界に開かれた「情報の窓」 8. 図書館は個人の知る権利を保障する社会的機関 9. 図書館は資料・情報の受信・発信・交流の場 10. 図書館の種類と特徴 11. 図書館とそのサービスポイントの所在 12. 図書館は地域情報のある場 ● ｜子どもたちへ｜ ・たくさんの本があるところ ・いろいろな本があるところ ・お話し会，人形劇，紙芝居などのあるところ ● ｜大人たちへ｜ ・図書館は子どもの情緒，感性，想像力を育てる場	以下の事項を理解する。 1. 施設・設備の配置 2. 分館，サービスポイントの所在地 3. 検索ツールの配置と利用法 4. 参考図書・ツールの存在と有用性 5. 利用規定（開館時間等） 6. サービスの種類 （貸出，複写，レファレンス，予約，リクエスト，情報検索，相互貸借，アウトリーチ，利用案内，読書案内等） 7. 対象別サービスの存在 （幼児，児童，ヤングアダルト，成人，高齢者，障害者，多文化サービス等） 8. 図書館員による専門的サービスの存在 （調査・研究支援，利用指導，読書案内等） 9. 図書館員による親切丁寧な案内・援助・協力を受けられること 10. 利用マナー 11. 行事の案内 （講演会，展示会，上映会，お話し会，研修会等） 12. 子どもを取り巻く大人（保護者，教師等）へのアドバイス	以下の事項を理解し習得する。 1. 資料の基本タイプと利用法 （図書，雑誌，新聞，参考図書，行政資料，AV資料，CD-ROM，ネットワーク情報資源：インターネット等） 2. 自館資料の組織法と利用法（分類，請求記号等） 3. 検索ツールの存在と利用法 （OPAC，書誌，索引，目録，レファレンス・データベース等） 4. アクセスポイントと使い方 （著者名，タイトル，キーワード，分類記号，件名標目，ディスクリプタ等） 5. サーチエイドの存在と利用法 （分類表，件名標目表，シソーラス，マニュアル等） 6. 情報検索の原理（AND/OR/NOT/トランケーション等） 7. 分野ごとの固有の資料の存在 8. レファレンス・サービスの利用法 9. 他機関資料の利用法 10. ブラウジングの効用 11. 情報探索ストラテジーの立て方（一般的，専門的） 12. コンピュータ等の情報機器の利用法 13. 書誌事項・アクセスポイントの記載法 14. 資料の分類とインデックスの作成法（キーワード，見出し語の付与等） 15. 印刷資料の作成法（パンフレット，リーフレット，ミニコミ紙等） 16. AV資料の作成法（ビデオの撮影，編集法等） 17. コンピュータ・ネットワークによる情報発信 （電子メール，インターネット等） 18. 情報倫理（著作権，プライバシー，公正利用等）

	領域1　印象づけ	領域2　サービス案内	領域3　情報活用法指導
方法	1. ポスター，ステッカー，ちらしなどによる図書館の存在のアピール 2. 地域，行政機関等の広報媒体による図書館紹介・行事案内・資料（新着書等）紹介 （行政広報誌，図書館報，学校新聞，学級新聞，PTA広報誌，ホームページ等） 3. 図書館の位置を知らせるサイン 4. マスメディアによる図書館紹介・ニュース（パブリシティ） 5. 地図・案内図への記載 6. 行事（展示会，講演会，コンサート，お話し会，人形劇，ビデオ上映会等） 7. 学校訪問での図書館紹介（新1年生への利用案内等） 8. 学校の公共図書館見学奨励 9. ブックトーク 10. 児童へのフロアーワーク （語りかけ，読み聞かせ，各種キャラクターの活用等） 11. 館内装飾 12. 本の視覚的アピール 13. コンピュータ・ネットワーク（インターネット等）利用	1. パンフレット・リーフレット （図書館利用の手引き，館報，館内配置図，図書館所在地一覧，サービス別案内，拡大文字・点字・外国語で記された案内等） 2. 案内ビデオ（字幕付，外国語等） 3. 館内サイン（定点，誘導） 4. 障害者用サイン（点字施設表示，音声ガイド，筆談サイン等） 5. 障害者用利用案内（録音テープ等） 6. 紙芝居による図書館案内 7. 利用者別オリエンテーション 8. 図書館招待（幼稚園児，保育園児，児童・生徒，地域のグループ等） 9. 館内ツアー 10. クイック・レファレンス（案内デスク，フロアワーク等） 11. コンピュータ・ネットワーク（インターネット等）による図書館サービスの案内 12. ブックリスト，資料目録の配布 13. 教師，保護者への利用案内 14. 一日図書館員プログラム 15. 出張お話し会，ガイダンス	1. 講習・講習・研修会の開催 （特定情報の探し方，インターネットの使い方，特定分野に関するCD-ROMの使い方，コンピュータを利用したプレゼンテーション技法，外部データベース利用のガイダンス等） 2. 独習用ツールの設置 （ビデオ，CD-ROM，ワークブック，テキストブック等） 3. パンフレット，リーフレットの配布 （文献リスト，機器・資料の使い方マニュアル，パスファインダー等） 4. 機器・資料の使い方の掲示 5. 電子掲示板システムの利用 6. コンピュータ・ネットワークを利用したガイダンス（インターネット等） 7. マスメディアを利用したガイダンス（テレビ番組，ラジオ番組，新聞記事等） 8. 情報生産・発信コーナーの設置（ワープロ，コピー機，ビデオ編集機，コンピュータ等） 9. 発表の場の設定（発表会，展示会，展示・掲示コーナー，新聞，投書箱，電子会議等） 10. レファレンスでの個別ガイダンス 11. 図書館を取り巻く団体への講演・講習・研修会実施（地域文庫，点訳サークル，音訳サークル等） 12. 障害者へのニューメディア紹介と利用ガイダンス（点訳パソコン，音声メディア，字幕付ビデオ等） 13. タイムリーな資料展示（文学賞受賞展示，追悼展示等） 14. 他機関・団体主催の講習・研修会等への出張

■専門図書館版：目標・方法

	領域1 印象づけ	領域2 サービス案内	領域3 情報探索法指導	領域4 情報整理法指導	領域5 情報表現法指導
目標	以下の事項を認識する。 1. 図書館は生活・研究調査・学習研修・業務実行上の基本的な資料・情報の収集・蓄積・提供の機能を果たす部門 2. 図書館は資料・情報の受信・発信・交換・交流の拠点 3. 図書館は種々のメディアを提供する部門 4. 図書館は物理的な空間というよりは、世界に開かれた「情報の窓」 5. 図書館は気軽・便利・快適で自由な休息と交流の場 6. 情報活用技術の重要性 7. 図書館の種類と特徴。特に業務関連の図書館や類縁機関の存在について 8. 図書館とそのサービスポイントの所在地	以下の事項を理解する。 1. 自館の特徴 2. 施設・設備の配置（機関内外のサービス拠点の所在地等） 3. 検索ツールの配置と利用法 4. 参考図書・ツールの存在と有用性 5. 利用規定（開館時間等） 6. サービスの種類（貸出、複写、レファレンス、発注、予約、情報検索、相互貸借、利用指導等） 7. 対象別サービスの存在（障害者サービス、外国人向け、役員向け、部門別等） 8. 図書館員による専門的サービスの存在（調査・研究支援あるいは営業活動支援等） 9. 図書館員による親切丁寧な案内・援助・協力等を受けられること	以下の事項を理解し習得する。 1. 情報探索法の意義 2. 情報の特性 3. 情報の評価のポイント 4. 資料の基本タイプと利用法（図書、雑誌、新聞、参考図書、AV資料、CD-ROM、オンライン・データベース等） 5. アクセスポイントと使い方（著者名、タイトル、キーワード、分類記号、件名、ディスクリプタ等） 6. 検索ツールの存在と利用法（書誌、索引、目録、OPAC、レファレンス・データベース等） 7. 検索補助ツールの存在と利用法（分類表、件名標目表、シソーラス、マニュアル等） 8. 情報検索の原理（AND/OR/NOTトランケーション等） 9. 情報探索戦略の立て方（一般的、専門的） 10. 自館資料の組織法と利用法（分類、請求記号、発注票、予算・費目等） 11. レファレンス・サービスの利用法と限界 12. 社外・他機関情報・資料の調査法と利用法 13. ブラウジングの効用	以下の事項を理解し習得する。 1. 情報内容の抽出と加工（要約、引用、言い換え、抄録、翻訳、解題、解説、転載等） 2. 情報内容のメディア別記録法（メモ・ノート法、カード記載法、クリッピング、データベースのダウンロード、録音録画等） 3. 情報内容のメディア別整理法（ファイリング、コンピュータによる加工法等） 4. 資料の分類とインデックスの作成法（キーワード、見出し語の付与、分類法等） 5. 書誌事項、アクセスポイントの記述法 6. 発想法（ブレーンストーミング、KJ法、NM法等） 7. 分野別・専門別の整理法 8. 情報整理法の意義	以下の事項を理解し習得する。 1. 情報倫理（著作権、プライバシー、公正利用等） 2. レポート、論文、報告書、資料の作成法（構成、書式、引用規則等） 3. 印刷資料の作成法（パンフレット、リーフレット、ミニ新聞等） 4. AV資料の作成法（ビデオの撮影、編集法等） 5. コンピュータによる表現法（グラフィック、作曲、アニメーション等） 6. コンピュータ・ネットワークによる情報発信（電子メール、インターネット等） 7. プレゼンテーション技法（話し方、OHP、板書法、AV、マルチメディア、学会発表等） 8. 分野別の専門的な表現法 9. 情報表現法の意義

	領域1 印象づけ	領域2 サービス案内	領域3 情報探索法指導	領域4 情報整理法指導	領域5 情報表現法指導
方法	1. ポスター、ステッカー、チラシ、下敷などによる図書館の存在のアピール 2. パンフレット、リーフレットの配布 3. 敷地のサイン計画（図書館までの誘導機能、図書館エリア、道路・通路など） 4. 企業広報誌、業界広報誌との連携 5. パブリシティ（新聞、雑誌、テレビ、ラジオなどマスコミの利用） 6. 業界や他社・他機関からの訪問、見学への対応（パブリシティの一つとして配慮する） 7. 社内・業界・研究団体データベースへの公開（社内と社外は区別することが重要） 8. 行事（展示会、講演会、業務発表会等） 9. 入社ガイダンス、社員研修での図書館紹介 10. 役職者・経営者による図書館利用、情報活用への言及 11. 会議・会合・研究会・業務成果発表での図書館利用への言及 12. コンピュータ・ネットワーク（インターネット、イントラネット等）を使った案内	1. 図書館オリエンテーション 2. 案内カウンター 3. 図書館見学ツアー 4. 館内サイン（定点・誘導） 5. 動線計画、施設設備計画 6. 社内図書館所在案内（一覧） 7. 配布物（電子資料を含む。パンフレット、リーフレット等） 8. 案内機器（AV機器、コンピュータ） 9. 広報誌、社内報 10. 社内データベース 11. インターネットを含むコンピュータ・ネットワークの利用案内	1. レファレンスデスクでの指導（参考業務、調査法指導） 2. ワークショップ、講習会 3. ビデオ上映会 4. 部署別指導・研修 5. 職種別指導・研修 6. プロジェクト別指導 7. OJTの実習場所提供 8. 情報探索法独習用ツール（ビデオ、CAI、CD-ROM） 9. ワークブック 10. テキストブック 11. パスファインダー 12. 機器・資料の使い方案内リーフレット 13. 機器・資料の使い方サイン計画 14. 電子掲示板システム利用 15. コンピュータ・ネットワーク利用 16. 社内広報誌 17. マスメディア	1. レファレンスデスクでの指導（参考業務、調査法指導） 2. ワークショップ、講習会 3. ビデオ上映会 4. 部署別指導・研修 5. 職種別指導・研修 6. プロジェクト別指導 7. チュートリアル（個人指導） 8. OJTの実習場所提供（職場の先輩による指導） 9. 情報整理法独習用ツール（ビデオ、スライド、実習キット、CD-ROM等） 10. ワークブック 11. テキストブック 12. パスファインダー 13. 機器・資料の使い方リーフレット 14. 機器・資料の使い方サイン計画 15. 電子掲示板システム利用 16. コンピュータ・ネットワーク利用 17. 社内広報誌（社内報） 18. マスメディア 19. 情報整理・加工用品と機器のコーナー設置 20. 展示会	1. レファレンスデスクでの指導（参考業務、調査法指導） 2. ワークショップ、講習会 3. ビデオ上映会 4. 部署別指導・研修 5. 職種別指導・研修 6. プロジェクト別指導 7. チュートリアル（個人指導） 8. OJTの実習場所提供（職場の先輩による指導） 9. 情報表現法独習用ツール（ビデオ、スライド、実習キット、CD-ROM等） 10. ワークブック 11. テキストブック 12. パスファインダー 13. 機器・資料の使い方リーフレット 14. 機器・資料の使い方サイン計画 15. 電子掲示板システム利用 16. コンピュータ・ネットワーク利用（インターネット、イントラネット） 17. 社内広報誌（社内報） 18. マスメディア 19. 情報生産・発信コーナー（ワープロ、パソコン、ビデオ、コピー機、印刷機等） 20. 展示会、発表会

図書館における情報リテラシー教育支援サービスの目標と方法

評価の指標例	1. 入社ガイダンスへの図書館利用・情報活用プログラム導入率 2. 利用率（部署別，職種別，管理職・役員） 3. 一人当たり利用回数 4. 一人当たり貸出し冊数	1. 好感度（％） 2. クイック・レファレンス件数 3. 投書箱の件数 4. 催し物，行事の参加者数 5. サービス内容別利用回数	1. レファレンス件数 2. パスファインダー，参考ツールの利用件数 3. 情報探索法独習ツール利用度 4. 社員の情報発信度 5. 行事の参加者数 6. 新製品開発数（特許出願件数）	1. 情報整理・加工コーナー利用度 2. 情報整理法独習用ツールの利用度 3. 社員の情報発信度（社内外での発表） 4. 催し物・行事の参加者数 5. 新製品開発数（特許出願件数）	1. 情報整理・加工コーナー利用度 2. 情報整理法独習用ツールの利用度 3. 社員の情報発信度（社内外での発表） 4. 催し物・行事の参加者数 5. 新製品開発数（特許出願件数）

出典：日本図書館協会図書館利用教育委員会編『図書館利用教育ガイドライン合冊版—図書館における情報リテラシー支援サービスのために』日本図書館協会，2001 年

索　引

＜監 修＞

二村 健　元明星大学教育学部教授

＜編著者＞

竹之内 禎（たけのうち・ただし）第1章1節，第6章1・2節，第12章1-3・5節，第15章1節
　法政大学文学部哲学科卒業，図書館情報大学（現・筑波大学）大学院情報メディア研究科博士後期課程修了，博士（情報学）。東京大学大学院情報学環助手，特任講師等を経て，現在，東海大学准教授。
　主な著書：『生きる意味の情報学　共創・共感・共苦のメディア』（東海大学出版部・編著，2022年）

＜著 者＞

河島 茂生（かわしま・しげお）第1章2節
　青山学院大学准教授

大井 奈美（おおい・なみ）第1章3節・第9章3節
　山梨英和大学専任講師

平原 渉太（ひらはら・しょうた）第2章
　青山学院横浜英和中学高等学校司書，東京学芸大学非常勤講師

中山 愛理（なかやま・まなり）第3章
　大妻女子大学准教授

二村 健（にむら・けん）第4章
　元明星大学教授

吉田 隆（よしだ・たかし）第5章
　神奈川大学国際経営研究所客員研究員

西田 洋平（にしだ・ようへい）第6章3節，第7章2-5節，第8章
　東海大学専任講師

千 錫烈（せん・すずれつ）第7章1節，第9章1節
　関東学院大学教授

竹之内明子（たけのうち・あきこ）第9章2・3節
　法政大学兼任講師

坂本 俊（さかもと・しゅん）第10章
　聖徳大学専任講師

藤倉 恵一（ふじくら・けいいち）第11章
　文教大学越谷図書館主任司書

氣谷 陽子（きたに・ようこ）第12章4節
　元放送大学客員准教授

長谷川昭子（はせがわ・あきこ）第13章，第15章2-4節
　元日本大学ほか非常勤講師

髙田 淳子（たかだ・じゅんこ）第14章
　獨協大学ほか非常勤講師

（※執筆順，所属は2024年3月現在）

［ベーシック司書講座・図書館の基礎と展望4］
情報サービス論　第2版

2013年10月13日　第1版第1刷発行
2016年 1 月30日　第1版第3刷発行
2024年 3 月30日　第2版第1刷発行

監 修　二村　健
編著者　竹之内　禎

発行者　田中　千津子

発行所　株式会社 学文社

〒153-0064　東京都目黒区下目黒3-6-1
電話　03（3715）1501㈹
FAX　03（3715）2012
https://www.gakubunsha.com

印刷　倉敷印刷

ISBN-978-4-7620-3318-6